THÈSE

POUR

LE DOCTORAT.

DE INOFFICIOSIS TESTAMENTIS, DONATIONIBUS ET DOTIBUS.

DE LA PORTION DE BIENS DISPONIBLE ET DE LA RÉDUCTION.

ACTE PUBLIC SOUTENU LE 1er JUIN 1847.

Par C.-J. BEAUTEMPS-BEAUPRÉ.

Avocat à la Cour Royale

Président. M. DE PORTETS, Professeur.

Suffragants... MM. DUCAURROY, PELLAT, PERREYVE, Professeurs; ROUSTAIN, Suppléant.

PARIS,

IMPRIMERIE DE BACHELIER,

RUE DU JARDINET, 12.

1847

THÈSE

POUR

LE DOCTORAT.

DE INOFFICIOSIS TESTAMENTIS, DONATIONIBUS ET DOTIBUS.

DE LA PORTION DE BIENS DISPONIBLE ET DE LA RÉDUCTION.

ACTE PUBLIC SOUTENU LE 1er JUIN 1847,

Par C.-J. BEAUTEMPS-BEAUPRÉ,

Avocat à la Cour Royale.

Président, M. DE PORTETS, Professeur.

Suffragants... { MM. DUCAURROY, PELLAT, PERREYVE, } Professeurs; ROUSTAIN, Suppléant.

PARIS,

IMPRIMERIE DE BACHELIER,

RUE DU JARDINET, 12.

1847

A mon Père adoptif,

A mon Père,

A ma Tante.

THÈSE

POUR

LE DOCTORAT.

JUS ROMANUM.

DE INOFFICIOSO TESTAMENTO.

(Dig. lib. V, tit. 11; Cod. lib. III, tit. xxviii.)

Testamentum inofficiosum dicitur cum contra pietatem scriptum est, id est cum parentes liberos, aut liberi parentes, aut fratres exhæredes faciunt sine justa causa (*ll.* 1.3. *ff. h.t.*); quapropter licet illi qui simili testamento se læsum fuisse arbitratur agere de inofficioso, quasi parens suus non sanæ fuisset mentis, nec tamen furiosus; nam si vere esset, vel demens, nullum esset testamentum (*l.* 2. *ff. h. t. II. pr. eod.*). Moribusque videtur introducta esse querela, ut ulterius dicemus, cum de legitima portione loquemur.

Competit autem liberis, parentibus et fratribus, de quibus singulis videamus.

Liberi itaque testamentum patris ut inofficiosum arguere possunt, si nulla existente causa, ab eo exhæredati sunt, nam illis videtur magna injuria facta fuisse; parumque refert utrum in potestate remanserint, an emancipati fuerint, an

de liberis in primo gradu agatur, aut de nepotibus ex emancipato natis qui, cum mortuus erit pater, vivo avo, suo nomine
agere poterunt (*l. 7. C. h. t.*) ; eadem et de liberis adoptivis
dicenda erunt, jure scilicet antiquo, cum ex Justiniani constitutione liceat patri adoptivo extraneo, si velit nihil dare
et ideo exhæredem omnino facere cessante querela, quam ex
ipsa eadem constitutione poterit adversus fratris naturalis
testamentum instaurare, quod non obtinebat jure antiquo.
Si vero ab avo adoptatus fuerit, nihil mutatum est (*l.* 10. *pr.*
et § 1. *C. de adoptionibus,* 8, 48). Legitimatis quoque
querela competit ; item postumis (*l.* 6. *pr. ff. h. t.*), si in
utero fuerint mortis ejus tempore cui sui hæredes potuissent
fieri.

Si præteriti sint liberi a patre, testamentum rumpitur,
neque hoc loco querelæ locus erit. Cum autem mater liberos
prætericrit, querelam illi movere poterunt, quoniam ut
sæpius dictum est, tantum valet silentium matris quantum
exhæredatio patris, filiique naturales et spurii movere
quoque poterunt, quoniam mater certa est : nisi illustris sit
et justos liberos habeat (*l.* 5. *C. ad SC. Orfitianum,* 6, 57).
Item postumus natus post testamentum confectum queri
potest, quamvis exsecto ventre natus sit, quoniam is pro
nato habetur (*l.* 6. *pr. ff. h. t.*; *l.* 12. *pr. ff. de liberis et*
postumis, 28, 2), nisi mater, alios liberos institutos habens
in puerperio decessisset ; nam cum incertum sit an mater
eum excludere, aut ad successionem vocare velit, virilis
bonorum ejus pars cum fratribus tribuetur. Sin autem
scripti hæredes extranei sunt, de inofficioso agere minime
prohibetur (*l.* 3. *C. h. t.*). Pater autem nomine filii querelam movere non poterit, nam injuria filii est (*l.* 8. *pr. h. t.*) ;
et quamvis patri data sit injuriarum actio, pro his injuriis
quæ in filium familias datæ sunt (*l.* 17. § 11. *ff. de injuriis,*
47, 10), hoc de communibus injuriis intelligendum erit,
non autem de injusta exhæredatione.

Secundo loco, datur querela parentibus injuste a liberis

omissis, nam non minus parentibus quam liberis pie relinqui debet (*l.* 15. *pr. ff. h. t.*); etiam fratribus aut sororibus
defuncti institutis (*l.* 17. *C. h. t.*). At mater de testamento
filii impuberis queri non potest, quia hoc testamentum
pater fecit; et pars est et sequela ejus testamenti, nec patris
testamentum inofficiosum mater dicere potest (*l.* 8. § 5. *ff.
h. t.*; § 5. *II. de pupillari substitutione,* 2. 16).

Ex transversa linea nemo ad querelam inofficiosi admitti-
tur, exceptis fratre et sorore (*l.* 1. *ff. l.* 21. *C. h. t.*). Sed de
falso aut de quovis alio, velut insana mente queri non pro-
hibentur (*l.* 21. *C. h. t.*). Fratres autem uterini a querela
contra testamentum fratris arcentur; germanis et consan-
guineis tantum conceditur, durante scilicet agnatione,
quod a Justiniano abrogatum fuit (*l.* 27. *C. h. t.*), si infa-
mes personæ testamento scriptæ sint, aut etiam quæ levi
nota adspergantur, in quibus spurios liberos comprehendere
possumus (*l.* 8. *C. Th., de naturalibus filiis,* 4, 16; *l.* 3.
C. Th., de libertis et eorum filiis, 4, 10; *Gothofr. ad. l.* 3.
C. Th., de inofficioso testamento, 2, 19): aut si libertus institutus fuerit, in omni casu, secundum Codicem Theodo-
sianum (*l.* 3. *h. t. et ibi Gothofr. Interpretatio ad l.* 1.
cod.), duobus casibus exceptis, ut Justinianus statuit,
nempe si suum libertus patronum maximis beneficiis ad-
secutus fuerit, aut si servus necessarius hæres cum liber-
tate institutus fuerit, quod etiam non obtinebat jure veteri
(*l.* 27. *C. h. t.*).

Testamentum autem impuberis neque patris frater, neque
impuberis, accusare possunt, nisi patris inofficiosum dixe-
rint: cum autem in testamentum patris obtentum est, nec
valebit pupillaris substitutio, nisi pro parte rescissum fuerit, dum ei quarta reservetur (*l.* 8. § 5. *ff. h. t.*).

Nunc autem an actio de inofficioso ad hæredes transmit-
tatur videndum. Et quidem si in potestate fuit hæres ut
neque bonorum possessio, neque ulla aditio hæreditatis ei
necessaria fuerit, etiamsi actionem non præparaverit, dum

palam accusationem comminatus fuerit, aut propositam
habuerit, aut bonorum possessionem petierit, transmittetur
actio (*l.* 6. § 2. *ff. h. t.*). Admonendi tamen sumus hæc ita
esse jure antiquo : namque Justinianus (*in leg.* 34. *C. h. t.*)
statuit omni modo ad hæredes suos querelam transmitten-
dam esse, cum filius ante adit: n hæreditatem decesserit.
Quod (*l.* 36. § 2. *C. h. t.*) o odo mutatum fuit, ut si
ante aditam hæreditatem decesserit filius, sed intra id tempus quo adeunda sit hæreditas, ad nepotem querelam non
præparatam transire.

Quod ad extraneos hæredes pertinet, sciendum est, tam
ex jure novo quam ex antiquo, querelam nullo modo ad
eos transmitti nisi præparatam. Videtur autem actio præ-
parata si usque ad denuntiationem aut ad libelli dationem
processerit hæres (*l.* 7. *ff. l.* 36. § 2, *in fine. C. h. t.*);
neque satis erit si bonorum possessionem litis ordinandæ
gratia petierit (*l.* 8. *pr. ff. h. t.*), quæ necessaria est ut
agere possit; qua tamen nihil de possessione scriptis hæredibus aufertur (*l.* 7. *ff. l.* 2. *C. h. t.*).

At nepos ex filio exhæredato natus querelam suo nomine
movere non potest, quia non agnationi locus est ex lege
Velleia, cum exhæredatus pro emancipato non habeatur.
Poterit tantum ex persona patris agere (*l.* 34. *C. h. t.*),
ideoque eædem exceptiones quæ in patrem competebant illi
opponi poterunt (*vid.* Perez, *in Cod., lib.* III, *tit.* xxviii,
n. 15).

Ceterum potest omne testamentum hac querela accusari,
sive scriptum, sive nuncupativum (*l.* 31. *C. h. t.*); qui-
cumque hæredes instituti sint, sive liberi, sive extranei,
aut municipes (*l.* 31. § 1. *ff. h. t.*), aut etiam imperator
(*l.* 8. § 2. *ff. h. t.*); item contra patrem a matre institutum
filius agere potest, quamvis in potestate ejus sit, nam indi-
gnatio filii est (*l.* 22. *pr. ff. h. t.*); aut ex diverso contra
matrem a patre institutam (*l.* 22. *C. h. t.*); item contra
fratrem aut sororem a filio exhæredati institutum (*l.* 17.

C. h. t.). Item, si cui ex fideicommissaria causa restituta sit hæreditas, ex senatus consulto Trebelliano adversus eum de inofficioso agetur (*l.* 1. *C. h. t.*; Gaius, II, 253); item adversus omnes eos qui in hæredis loco succedunt, veluti hæredis hæredes, aut etiam fiscum (*l.* 10. *C. h. t.*).

Competit etiam hæc actio patri emancipato contra filium suum, testatoris nepotem, in potestate retentum, si modo exhæredatus fuerit; nam si tantum præteritus, querelæ locus non erit, cum habeat bonorum possessionem contra tabulas (Gaius, II, 135). Cum autem exhæredatus fuerit, poterit queri, et cum liberis conjungetur, ita ut dimidiam accipiat hæreditatem, liberi vero reliquam (*l.* 23. *pr. ff. h. t.*; *l.* 1. *pr. ff. de conjungendis cum emancipato liberis,* 37, 8).

Quod ad fœminarum testamenta spectat, illud observandum nullo alio modo nisi querela inofficiosi ad earum hæreditatem adspirare posse, nam fœminæ nullos suos hæredes habent, nec prætor ullam bonorum possessionem earum hæreditatum edicto introduxit (*l.* 15. *C. h. t.*; § *ult. II. de exhær. lib.* 2, 13; *l.* 4. § 2. *ff. de bonorum poss. contra tab.,* 37, 4; *l.* 8. *pr. eod.*).

Militis autem filii familias testamentum de castrensi peculio factum inofficiosum accusari non potest (*l.* 27. § 2. *ff.*; *ll.* 9. 24. *C. h. t.*), sive in castris decesserit, sive domi intra annum post militiam (*l.* 8. § 4. *ff. h. t.*). Cum autem de patria potestate exierit, nullo tunc peculio exstante, sed his rebus cum ceteris ejus bonis confusis, querelæ locus non erit (*Arg. l.* 37. § 2. *C. h. t.*). Eadem de quasi castrensi peculio intelligenda sunt (*l.* 37. § 1 *et* 2. *C. h. t.*): qua ratione contra veterani patrisfamilias testamentum semper erit querela (*l.* 8. § 3. *ff. h. t.*).

Adeunda vero est hæreditas antequam exhæredatus querelam moveat; nam quamdiu non fit aditio res in incerto sunt, et illud evenire potest ut destitutum sit testamentum, quod ad notam exhæredationis solam profecisse non videtur; cumque res ita se habeat, successioni ab intestato locus erit, nec ideo querela moveri poterit (*l.* 8. § 10. *in fine, ff. h. t.; l.* 12. § 5. *ff. de bonis libertorum,* 37, 4; *l.* 20. *pr.* ♉. *sed cum. ff. de bonorum possessione contra tab.,* 38, 2).

Querela quæ olim apud Centumviros, sicut et omnes de hæreditatibus actiones (*l.* 17. *pr. ff. h. t.*), postea in ea provincia movenda fuit in qua scriptus hæres domicilium habebat, et apud præsidem ejus (*l.* 17. *C. h. t.*), aut cum adversus fiscum agendum erat, apud Cæsaris procuratorem, aut apud Rationalem summæ rei (*l.* 10. *C. h. t.; l.* 5. *C. ubi causæ fiscales,* 3, 26).

Tempus autem movendæ querelæ biennii olim fuit, teste Plinio Juniore (*lib.* V, *epist.* 1, *ad Severum*); sed postea quinquiennii, jam ex temporibus Ulpiani (*l.* 8. § 17. *ff. h. t.*). Quod postea rescriptis confirmatum fuit (*l.* 2. *C. in quib. causis in integr. rest.,* 2, 41; *l.* 16. *C. h. t.; l.* 5. *Cod. Th. h. t.* 2, 19). Quod tempus a quo momento computandum multum disputatum fuit, nam ex Modestini sententia, ut testatur Justinianus, in *l.* 36. § 2. *C. h. t.*, a momento mortis juge, quæ sententia imperatori Valentiniano placuit (*l.* 3. *C. Th., de apostatis,* 16, 7; *Interpretatio ad l.* 5. *C. Th. h. t.*). Justinianus autem, secundum Ulpiani opinionem, voluit tempora inofficiosi querelæ ab adita hæreditate currere, ne licuerit hæredi instituto eo modo filium defraudare, ideoque voluit hæredi liberam esse potestatem adeundi intra certum tempus, sex menses scilicet, si hæres et filius in eadem commaneant provincia, annum vero si in diversis, quo elapso, in officio esse judicis ut hæredem compellat ad hoc faciendum (*l.* 36. § 2. *C. h. t.*).

Quod autem tempus non currit si hæres minor fuerit viginti quinque annis (*l.* 2. *C. in quib. causis in integr. restit.,* 2, 41); aut etiamsi major fuerit, si duas actiones habens, primum testamentum quasi non jure perfectum dixerit, non impedietur quin postea inofficiosum dicat (*l.* 16. *C. h. t.*), quamvis hujus judicii mora plus quam quinquiennium ex adita hæreditate sit; aut etiam si magna sit et justa causa rescindendi post quinquiennium (*l.* 8. § 17. *ff. h. t.*).

Nunc videamus qui sint effectus judicii de inofficioso: itaque cum super actionem hæredum a judice pronunciatum fuit contra testamentum, nec provocatum, perinde omnia observari debent ac si hæreditas ab instituto hærede adita non fuisset, et ideo petitio integra debiti hæredi instituto adversus eum qui superavit competit; item compensatio debiti (*l.* 21. § 2. *ff. h. t.*); item nec legata debentur, et si soluta fuerint, utili actione repeti poterunt ab eo qui obtinuit si ante controversiam motam soluta sunt; sin autem ab eo qui solvit (*l.* 8. § 16. *ff. h. t.*); fideicommissa autem debentur ex Scævolæ opinione, quam Paulus non probat (*l.* 13. *ff. h. t.*), quamvis (*l.* 8. § 1; *l.* 16. *ff. de jure codicillorum,* 29, 7) dicat locum esse fideicommissis ab intestato: hoc autem casu, testamentum quasi a demente factum est; at si sciens hæres fideicommissa solverit, nulla ex ea causa erit repetitio (*l.* 21 § 1. *ff. h. t.; l.* 1. § 1; *l.* 24 et al. *ff. de condictione indebiti,* 12, 6).

Item, si de filii querela diversas sententias judices tulerunt, familiæ erciscundæ judicio locus erit; quia defunctus partim testatus, partim intestatus decessisse videtur (*l.* 15. § 2; *l.* 24. *ff. h. t.; l.* 13. *C. h. t.*) Item, cum duo aut plures forte fratres exhæredati de inofficioso agere ceperint, et unus postea constituerit non agere, aut tempore exclusus fuerit, ejus pars ceteris adcrescit (*l.* 23. § 2. *ff. h. t.*); aut si unus tantum ex pluribus constituerit agere, solus ille qui egit, hæreditatem poterit ab intestato obtinere, et rei judicatæ auctoritate uti, quia judices hunc solum in rebus humanis esse recte putaverunt, nec judicium cum aliis datum est (*l.* 16. *pr.; l.* 17. *pr. ff. h. t.*).

Cum autem uni ex filiis legitima pars legata fuerit, ex-

traneus vero institutus, alter filius exhæredatus de inofficioso egerit, et obtinuerit, is, quamvis totam hæreditatem
possit vindicare cum solus egerit, non est tamen audiendus,
eamque partem habere debet quam habuisset ab intestato,
quia non inofficiosum est testamentum ex ea parte qua
legitima pars tantum fratri relicta est; et amplius cum testamentum infirmatum fuerit, poterit dimidiam partem ab
intestato petere cum erga se non fuerit inofficiosum; et
postquam ex testamento, quod credebat valere, adierit, non
videtur legitimam hæreditatem repudiare quam nesciebat
sibi deferri (*l.* 19. *ff. h. t.*).

De libertatibus autem, si hærede respondente contra
eum judicatum sit, ipso jure non valent (*l.* 8. § 16. *ff.
h. t.*); at nisi responderit et secundum præsentem judicatum fuerit, non creditur jus ex sententia judicis fieri,
et libertates et legata valent (*l.* 17. § 1. *ff. h. t.*); quod
admittit Divorum fratrum constitutio (*l.* 18. *ff. h. t.*; *l.* 14.
§ 1. *ff. de appellationibus*, 49, 1). Idem juris est cum
transactione pactum sit super querela inofficiosi (*l.* 29. § 2.
ff. h. t.; *l.* 3. *pr. ff. de transactionibus*, 2, 15). Plane, si
post quinquiennium pronunciatum fuit, libertates non amplius revocare licebit, verum viginti aureos unusquisque
libertus præstare debebit victori (*l.* 8. § 17. *ff. h. t.*). Cum
autem intra quinquiennium actum fuerit, fideicommissa-
riis tantum libertatibus locus erit (*l.* 4. *C. h. t.*), et a
quoque liberto viginti aurei hæredi nur .erabuntur (*l.* 9. *ff.
h. t.*); quos etiam accipiet ab eo servo ab hærede manu-
misso, cum hæres institutus fuisset si servum manumiserit
(*l.* 26. *ff. h. t.*).

Si pro parte rescissum fuerit testamentum, pro ea tantum parte pro qua rescissum fuit non valent legata et
fideicommissa (*l.* 13. *C. h. t.*); pupillaris vero substitutio
etiam hoc casu obtinet (*l.* 8. § 5. *ff. h. t.*).

Si in judicio pari numero dissentiant judices, ita ut pars

secundum, pars contra testamentum pronunciaverit, pro testamento contra exhæredatum sequi sententiam oportet *(l. 10. pr. ff. h. t.)*, quod et in liberalibus causis et in publicis judiciis obtinet *(l. 38. ff. de re judicata, 42, 1)*.

Si suspecta collusio sit inter scriptos hæredes et eum qui querelam movet, adesse legatarii et liberti, et si contra testamentum judicatum sit, appellare poterunt, et hoc rescripto D. Pii significatur *(l. 29. pr. ff. h. t.; Nov. CXII, cap. I. ỿ. unde damus; l. 5. § 1; l. 14. ff. de appellationibus, 49, 1)*.

Si postquam exhæredatus, agens de inofficioso, obtinuit, scriptus hæres appellavit, interim filio propter inopiam alimenta pro modo facultatum usque ad finem litis debebit ministrare *(l. 27. § 3. ff. h. t.)*. Maxime cum non locus sit bonorum possessioni ex Carboniano edicto, si negetur ab adversario filium esse; nam nihil aliud actionum exhæredato competit quam hæreditatis petitio, nec unquam melioris debet esse conditionis quam si confiteatur adversarius *(l. 20. ff. h. t.)*.

Quæ quidem a Justiniano mutata sunt, namque præcepit legata vel fideicommissa, vel libertates, vel tutorum dationes, vel quælibet alia capitula legibus concessa proinde valere, atque si testamentum rescissum non fuisset, adimpleri tantum hæredibus, secundum leges, quidquid eis legitima portione minus relictum fuerit *(Nov. CXV, cap. III, § 14, in fine; cap. IV, § 8, in fine; cap. V, pr.)*.

Nunc videamus quibus casibus non sit locus querelæ.

Primo enim loco cessat querela si ad hæreditatem veniendi alia via supererit *(§ 2. II. h. t.)*; veluti cum bonorum possessioni contra tabulas locus erit; aut cum jure adcrescendi filia, vel ex filia nepotes ad dimidiam hæreditatis partem veniunt; aut cum præteriti sunt a patre, namque hoc casu testamentum rumpitur; aut cum impubes adrogatus est ex constitutione divi Antonini, nam hoc casu, si exhæredatus sine justa causa sit, ei quarta patris adoptivi bonorum debetur, præter bona quæ ad eum transtulit (*l.* 8. § 15. *ff. h. t.*; § 3. *II. de adoptionibus*, 2, 11).

Sed bonorum possessioni potior est querela inofficiosi, et qui hanc movet priorem excludit, ut ecce, si pater a filio præteritus bonorum possessionem secundum tabulas adeptus sit, et postea filia adversus fratris testamentum querelam moveat, tunc pater de cujus jure priore judicio quæsitum est, totius hæreditatis possessionem cum fructibus filiæ restituere debebit (*l.* 16. § 2. *ff. h. t.*). Quod quoque obtinebat in filia præterita, quæ jure adcrescendi dimidiam contra scriptos hæredes tantum partem hæreditatis accipiebat, totum vero, cum exhæredata querelam inofficiosi movebat. Sed hoc a Justiniano correctum in *leg.* 4. *ỷ. nam cum. C. de liberis præteritis,* 6, 28, et fœminis jus simile ac masculis concessit.

Illud quoque observandum, si alia hæreditatis via nullum proponat fieri testamentum, et cum querela inofficiosi concurrat, veluti si quis falsum aut imperfectum testamentum dixerit, nec obtinuerit, non a querela movenda prohiberi (*l.* 14. *C. h. t.*).

Secundo loco cessat querela si justæ sint exhæredationis causæ, quæ olim omnino penes judicum potestatem fuerant. Tres autem notantur in Justiniani Codice : videlicet si arenarium filius se sua sponte constituerit, nam quamvis ei civitas et libertas maneat, tamen, propter hanc turpitudinis notam exhæredare potest pater ejus, nisi et ejusdem sit conditionis (*l.* 11. *C. h. t.*); aut si filia turpiter vivat (*l.* 19. *C. h. t.*), nisi pater eam marito copulare usque ad xxv annum distulerit (*auth. sed si post., h. t.*); aut si liberi parentes testare prohibuerint (*l.* 23. *C. h. t.*).

Querelæ autem locus non erit si filia, invitis patre vel matre divortium jubentibus, cum marito manere maluerit (*ll.* 19. 20. *C. h. t.*); aut si mater odio mariti infantem exhæredaverit, cum hoc casu alium sit remedium (*ll.* 25. 33. § 2. *C. h. t.*).

Novissimo autem jure a Justiniano definitæ sunt causæ quibus parentes liberos, aut liberi parentes, aut fratres et sorores se invicem, exhæredare possint.

Justæ autem causæ exhæredationis erga liberos hæ sunt : 1° Si quis parentibus suis manus intulerit; 2° si gravem his injuriam dederit; 3° si eos in criminali causa accusaverit, exceptis his quæ sunt adversus principem aut Rempublicam; 4° si cum maleficis hominibus ut maleficus conversatur; 5° si vitæ parentum suorum quocumque modo insidiatus fuerit; 6° si novercæ suæ aut concubinæ patris, filius sese immiscuerit; 7° si per delationem gravia fecerit parentes dispendia sustinere; 8° si parentibus pro ære alieno inclusis noluerit filius fidejussione aut de sua pecunia succurrere, quamvis idoneus; quod non de filia obtinet; 9° si parentes prohibuerit testamentum condere; 10° si invito patre se inter arenarios aut mimos constituerit et in ea conditione manserit, nisi et pater ejusdem sit conditionis; 11° si filia cui dos secundum vires parentum oblata fuerit maluerit luxuriosam degere vitam, nisi xxv annos nata sit et parentes eam marito copulare distulerint; 12° si liberi furioso parenti curam competentem non præbuerint, de inofficioso queri non poterunt; extraneus autem qui illum propriis sumptibus usque ad vitæ finem curaverit, illi hæres erit; 13° si liberi qui octavum et decimum ætatis annum compleverint parentes ex captivitate redimere neglexerint; 14° si orthodoxi parentis filius hæreticus sit qui sanctas quatuor synodos, Nicænam, Constantinopolitanam, Ephesinam primam et Chalcedonensem rejiciat (Nov. CXV, *cap*. III).

Justæ autem causæ parentum a liberis exhæredationis ita enumerantur : 1° si parentes liberos criminis accusaverint, exceptis his quæ ad majestatem spectant; 2° si vitæ liberorum insidiati fuerint; 3° si pater nurui aut filii sui concubinæ sese immiscuerit; 4° si testamentum condere prohibuerit; 5° si pater matri, aut patri mater, venenum administraverit; 6° si vel unum ex liberis furiosum parentes curare neglexerint ; 7° si in captivitate constitutum non redemerint ; 8° si parentes hæretici facti sint, ut supra diximus (Nov. CXV, *cap.* IV).

Quod ad fratres spectat, tres sunt justæ omittendi causæ in quibus etiam viles personæ institui possunt; nempe : si frater fratri mortem voluerit inferre; si criminis accusaverit; si ejus substantiæ magnam properaverit jacturam (Nov. XXII, *cap.* XLVII).

Cum autem justa exhæredationis causa semel interfuerit, sola ingrati pœnitentia, vivo testatore contingens, non facit exhæredationem cessare, sive causa talis sit quæ ad testatorem primario respiciat, sive ad ipsius ingrati infamiam præsertim spectet, sive in eadem causa testatoris læsio et hæredis infamia reperiantur (VOET, *ad Pandectas*, *lib.* V, *tit.* II, *n.* 30).

Non idem de conciliatione erit dicendum, sive expressa fuerit, sive ex magnis et indubitandis indiciis præsumpta, si testator et hæres iterum in amicitiam redierunt; idem de legatis dicendum erit, et hæreditas redintegratur (*l.* 4. *ff. de adimendis vel transferendis legatis,* 34, 4); idem de injuriarum actione quæ dissimulatione aboletur, nam cum justa exhæredationis causa interfuerit, testator quodammodo injuriam passus fuisse intelligitur (§ 12. *II. de injuriis,* 4, 5; *l.* 11. § 1; *l.* 17. § 6. *ff. eod.* 47, 10; *l.* 5. *C. familiæ erciscundæ,* 3, 36). In quibus dissimulationis causis adrogatio filii post emancipationem non adscribenda erit (*l.* 23. *pr. ff. de liberis et postumis,* 28, 2), nam ex sola adrogatione prioris offensæ remissio non intelligenda erit, cum ex aliis causis, veluti conditionis implendæ gratia, intervenire possit.

Cessat adhuc querela cum exhæredatus cui nihil legitimæ nomine relictum sit, exhæredationem comprobavit, *expresse* aut *tacite.* Expresse quidem, cum in testamento adscripserit post mortem patris consentire se, vel cum transegerit aut pactus fuerit (*l.* 31. § 4. *ff. h. t.*; *l.* 35. § 2. *C. h. t.*); vel repudiantis animo non venit ad accusationem inofficiosi testamenti (*l.* 17. *pr. ff. h. t.*), aut cœptam dereliquit (*l.* 15. § 1. *ff. h. t.*), sive hæreditatem damnosam credat, sive velit testamentum valere.

Tacite vero, veluti si legatum testamento factum perceperit (*l.* 10. § 1. *ff. h. t.*; *l.* 5. *pr. ff. de his quibus ut indignis,* 34, 9); aut si conditioni parere hæredem scriptum testator jusserit in persona ejus qui querelam movere potest, et sciens is acceperit (*l.* 8. § 10. *ff. h. t.*), nisi illud acceperit fraude hæredis scripti, fingentis veluti tertiam hæreditatis partem rogatum fuisse ei restituere; cum eo modo acceperit, non videbitur deseruisse querelam, et instaurare poterit, aut desertam repetere (*l.* 21. *pr. ff. h. t.*). Repelletur etiam cum a statu libero pecuniam aut acceperit (*l.* 8. § 10. *ff. h. t.*), aut petierit (*l.* 12. § 1. *ff. h. t.*); ceterum nihil interest utrum filio servove ejus legatum relictum fuerit : si servum priusquam adire jusserit manumiserit, idque fraudulenti consilio fecerit, summovebitur quoque ab actione (*l.* 12. *pr. ff. h. t.*). Idem erit, si petenti ex testamento legatum advocationem præbuerit, procurationemve susceperit (*l.* 32. *pr. ff. h. t.*).

Quod autem diximus si legatum testamento factum perceperit, illud excipitur *nisi id totum alii administraverit* (*l.* 10. § 1. *ff. h. t.*), quod non ita intelligere debemus si quis voluntariam petentibus operam præstiterit, sed cum illud necessarium fuit, veluti si tutor nomine pupilli ex testamento patris sui legatum acceperit, cum ipse exhæres fuisset, nihilominus poterit inofficiosum testamentum dicere (§ 4. *II. h. t.*). Sed videamus ne cum ex fideicommisso restituere coactus sit, repelletur ab accusatione, nam cum quartam ex senatus consulto Pegasiano retinere possit, non potest dici eum coactum fuisse legatum alii administrare. Idem juris est si, cum petierit legatum, codicillis apparet id ademptum fuisse; nam, quamvis agendo testa-

2

mentum comprobaverit, ignorabat tamen se nihil ex eo consequi posse : quod si novisset, sane de inofficioso confestim egisset; et quidem legatum ita adimendo est aliquid quod testatoris vitio reputetur, ut merito repellendus non sit (*l.* 12. § 2. *ff. h. t.*). Item, si alterius facto et beneficio legati utilitatem perceperit, veluti si cum Titio ejusdem pecuniæ erga defunctum reus fuerat testatoris filius, et liberatio Titio legata sit, per acceptilationem Titii liberabitur (§ 1. *II. de duobus reis,* 3, 16), neque ab actione inofficiosi summovebitur (*l.* 12. § 3. *ff. h. t.*). Item, si ego exhæredatus hæres fuero Titio, remque ei legatam percepero : quod si cum adiero hæreditatem ea res jam in bonis ejus sit, sine dubio a querela removendus non sum, quoniam mihi necesse non erit rem petere, eamque inveniam in ceteris bonis, parum sollicitus quonam jure defuncto fuerit quæsita. Quod si illam ex Titii testamento petiero, cum nihil mihi ex testamento patris relictum sit, neque principaliter in ejus hæreditatem succedam (*l.* 7. *ff. de his quæ ut indignis,* 34, 9), non summovendus sum ab accusatione. Tutius tamen fecero si me abstinuero a petitione legati (*l.* 32. § 1. *ff. h. t.*).

Ex diverso, repellar ab accusatione quod videbor agnovisse testamentum, si mihi exhæredato Titius eam rem legaverit, quam ex eo testamento acceperat quo exhæres sum, sed possessionem non fuerat adeptus (*l.* 31. § 3. *ff. h. t.*); namque rem accepit, quamvis corpore non apprehensit.

Cessat adhuc querela cum quis debitum paternum pro hæreditaria parte solvit (*l.* 8. *C. h. t.*), aut si hæreditatem vel res singulas hæreditatis ab hæredibus institutis, sciens eas hæredis esse, vel prædia conduxerit, aut solverit hæredi quod testatori debebat (*l.* 23. § 1. *ff. h. t.*).

Si ab eo institutus fuero qui, me exhæredato, a patre meo hæres institutus fuit, ejusque adiero hæreditatem, non mihi nocebit, maxime si eam portionem non possi-

deam, vel jure suo possideam (*l.* 32. § 2. *ff. h. t.*) *jure suo,*
id est non hæredi tario : itaque si ex parte aliqua hæres institutus fuerit, isque me hæredem fecerit, pro ea parte querelæ
locus erit pro qua exhæredatus non possideo, aut saltem
possideo, sed non *pro hærede,* verum *pro suo* aut alio
quovis titulo (VOET, *ad Pandectas, lib.* V, *tit.* 11, *n.* 34).

Quod si de renuntiatione inter vivos pactum fuerit ante
testatoris mortem, actionique ab hærede renuntiatum fuerit, sive a filio, sive a filia in dotali instrumento *ut contenta
dote quæ in matrimonio collocabatur nullum ad bona pa-
terna regressum haberet* cautum fuit, quæ pactio nulla erit,
quamvis fuerit quæsitum, neque ex illa inducendum erit
filium, vel filiam, ad supplementum tantum acturum fore
(*l. ult. ff. de suis et legitimis hæredibus,* 38, 16; *l.* 35.
§ 1 et 2. *C. h. t.*; *l.* 3. *C. de collationibus,* 6, 20). Idem
dicendum erit si filius in tabulis paternis se exhæredem
esse scripserit; ad id autem tantum nocebit exhæredatio,
ut bonorum possessionem contra tabulas petere non possit
(*l.* 8. § 6, *de bon. poss. contr. tab.,* 37, 4).

Querelæ locus non est si legitima pars relicta sit hæredi.
Legitima autem pars, olim quadrans erat omnium bonorum (*l.* 8. § 8 et 9. *ff. h. t.*; *l.* 6. *C. eod.*). Utrum autem
illud moribus an legibus introductum est, parum comper-
tum; nam in inscriptione legis 4. *ff. h. t.*, scriptum est
Gaium de lege quadam *Glicia* locutum fuisse. Verum hæc
lex prorsus ignota remansit, unde verisimilius videtur pri-
mis temporibus Centumvirorum, apud quos de hæreditatibus agebatur, in arbitrio fuisse quam partem patrimonii sui
testator conquerentibus relinquere debuisset, tribuere.
Postea vera lata est lex Falcidia qua cautum est ne plus
legare liceret quam dodrantem, ejusque exemplo legitima
pars liberis debita pro quarta parte habita est ; et quamvis in
plurimis legibus hæc verba reperiantur, *portio legitima,
portio legibus debita,* attamen in Novella Majoriani, *de
sanctimonialibus et viduis* (*tit.* VI, § 3. *ed. Hœnel*), his

verbis utitur : *Sola Falcidiæ quantitas relicta non noceat.*
Illud etiam ex epistola Plinii (*lib.* V , *epist.* 1) confirma-
tur, in qua verba hæc sunt : *Si mater, inquam, te ex parte
quarta scripsisset hæredem, num queri possis ? Quid si
hæredem quidem instituisset ex asse, sed legatis ita exhau-
sisset, ut non amplius apud te quam quarta remaneret.*
Et quidem cum quarta de legatis et fideicommissis eti am
ab extraneo hærede instituto retineri possit, sane a fortiori eadem et de filio hærede intelligenda sunt. Quod
adhuc ex *leg.* 8. §9. *ff. h. t.*, clarius apparet ; nam ratione
legis Falcidiæ utitur Ulpianus, cum ait libertates quartam
minuere.

Sed postea Justinianus imperator legitimam partem auxit,
et novella constitutione XVIII, *cap.* 1, statuit : Si plures
quam quatuor liberi essent, semissem patris substantiæ illis
debitam esse ; si vero quatuor aut minus, trientem. Quæ
novella etiam quod ad fratres sororesve pertinet locum ha-
bet ; nam quamvis, in principio, de filiis tantum loquatur,
tamen, *cap.* 1, ultima verba ferunt, *In omnibus personis in
quibus ab initio antiquæ quartæ ratio de inofficioso lege de-
creta est,* hoc observandum.

Quarta autem non numeratur nisi æs alienum, funeris
impensa et libertates deductæ sint (*l.* 8. § 9. *ff. h. t.*). Unde,
si quis servos tantum habuerit, eosque omnes manumiserit,
inofficiosi querelam excludat, si modo inter vivos illis libertas data fuerit ; at si testamento eos manumiserit, huic
locus erit si unus aut duo tantum illi servi fuerint : nam
si plures habuerit, veluti tres, cum nunquam amplius
quam bessem manumittere possit ex lege Furia Caninia
(GAIUS, I, 42), plus quam legitimam partem hæres in hæreditate reperiet.

Quapropter existimo in hac paragrapho aliquid omis-
sum esse a Triboniano, cum lex Furia Caninia in Institutis
abrogata fuerit (*lib.* I, *tit.* VII), ut illud cum ceteris legibus
consentaneum foret.

Itaque cum duo servi ex lege Furia Caninia, omnes ex Justiniano manumissi fuerint, querelæ locus non erit, nisi forte hic filius, prius emancipatus, cum extraneus ei vulgo substitutus fuerit, repudiaverit hæreditatem ; tunc libertates a substituto proficisci videntur (*l.* 74. *ff. de legatis* 1°, 30), et ideo cum querela superaverit filius, non competent (*l.* 21. § 2. *ff. h. t.*).

Quod si nullus vulgo substitutus fuerit, repudiata hæreditate poterit ab intestato bonorum possessionem petere, cessante edicto *si quis omissa causa testamenti*, quia non dolo malo omittit testamentum, sed quia dolum malum in eum commissum est, cum testator eum excludere voluerit (*l.* 6. § 8. *ff. si quis omissa causa test.*, 29 , 4 ; *l.* 77. § 31. *ff. de legatis* 2°, 31).

Sin autem in potestate remansus fuerit filius, huic locus non erit, quoniam quamvis se ab hæreditate beneficio prætoris abstineat, nihilominus hæres est, et ipso facto libertates competunt: ex lege tantum Furia Caninia, ut supra diximus , agere poterit.

Olim autem licebat quod titulo legitimæ partis hæredi relinquebatur conditionibus , aut dilationibus, aut quocumque onere gravare (*l.* 12. *C. h. t.*), quod non in hæreditatibus patronorum obtinebat ; nam lege Papia cautum fuerat debitam illis partem sine ullo gravamine , aut legato , aut fideicommisso relinqui (*l.* 21. § 1 et 2. *ff. de jure patronatus,* 37, 14); quanta sit hæc pars, *vid.* GAIUM, III , 42 *et sqq.* Illud autem a Justiniano mutatum est ; nam, *leg.* 32. *C. h. t.*, stante conditionem, vel dilationem, vel quoddam onus tolli, et ita rem procedere quasi nihil testamento additum fuisset.

Non autem semper licet de inofficioso, agere atque ita patris testamentum nullum facere ; nam, si in cohæredem fratrem immodica donatio collata sit (PAULI *Sent.*, *lib.* IV, *tit.* v, § 7), aut si pater testamento quartam arbitratu boni viri supplendam caverit (*l.* 4. *C. Th. h. t.* 2, 19), aut filio inter vivos aliquid donaverit *ut in quartam habeatur* (*l.* 25. *pr. ff. h. t.*), ad supplementum tantum filius agere poterit.

Quum testamento minus quam quarta donatum esset, olim inscribi debebat in tabulis, *ut arbitratu boni viri quarta in pecunia compleretur* (*l.* 4. *C. Th. h. t.* 2, 19). Eadem sane, quamvis nullam mentionem de hoc ferat *lex* 25. *pr. ff. h. t.*, intelligere possumus de donationibus quæ hac lege *ut in quartam haberentur* factæ sunt. Gothofredus autem (*ad l.* 4. *C. Th. h. t.*) hanc legem a Triboniano interpolatam esse ait; perperam equidem credo, nam verba hujus legis, *si minus habeat, quod deest boni viri arbitratu repleatur,* eodem modo intelligenda sunt ac illa, *ut in quartam haberentur:* nam hic Ulpianus de hujus conditionis potestate loquitur; qua quidem donatione, nisi hæres quartam habuerit, poterit actione ad supplementum illam petere, si in ipsa donatione præterea cautum sit *ut si minus habeat, quod deest boni viri arbitratu repleatur.* Neque ex hac lege intelligere debemus omnimodo supplementum tantum peti posse, cum nihil simile, contrarium autem, Ulpianus dixerit.

Ex constitutione autem D. Justiniani (*l.* 30. *C. h. t.*), illud mutatum est eo modo ut, sive adjiciatur in testamento de adimplenda legitima portione, sive non, firmum sit testamentum.

Quo autem titulo hæc pars bonorum, ut supplemento tantum locus sit, relinquenda est, valde queritur. Jure enim antiquo certum est illam quocumque titulo posse dari, quoniam is non affectus videri potest injuria cui a defuncto aliquid relictum est, et quia, cum odiosa sit hæc actio, sufficit testatorem indicasse mentis suæ compotem fuisse, cum hæredibus legitimam reliquerit (§ 6. *II. h. t.*; *l.* 8. § 8 et 15. *ff. h. t.*; *ll.* 6. 35. § 2. *C. h. t.*). Illud quoque a Justiniano novella constitutione CXV, *cap.* III. *pr.*, mutatum fuisse plerique putant, et legitimam hæredibus

institutionis titulo relinquendam esse (VOET, *ad Pandectas,
tit. de inofficioso testamento*, *n.* 66). Videtur autem nihil
tale mutatum fuisse hac constitutione; nam in capite III,
in quo justæ causæ liberos exhæredandi enumerantur, in
principio statuit ne cum donationem aut legatum aut fidei-
commissum liberis pater fecerit, eos possit exhæredare,
quod olim satis erat: verum ex novella vel minimam quam-
libet partem patrimonii titulo hæredis habendam esse necesse est (ANT. PEREZII *Prælect. in lib.* III; *Cod., tit.* XXVIII,
de inofficioso testamento, *n.* 36).

Quod autem supplementum non de inofficioso actione
petetur; nam, ut ait ipse Justinianus, querela quiescit (§ 3.
II. h. t.), aut excluditur (*l.* 35. § 2, *in fine, C. h. t.*). Itaque
condictioni locus erit, et per triginta annos agere licebit
(*l.* 3. *C. de præscriptione* XXX, *vel* XL *annorum*, 7, 32),
non tantum per quinquiennium, quamvis ex postremis
legis 34. *C. h. t.* verbis illud intelligi possit, verum, ut
ait Voet (*ad Pandectas, hoc tit., n.* 68), *quæ verba non ad
actionem de supplemento, incidenter tantum in ea lege
tractatam, sed ad decisionis principalis limitationem de
transmissione querelæ spectant.*

Quæ quidem actio sine ulla dubitatione ad hæredes transmittetur; nam qui supplementum tantum petit pro reliqua
portione patris testamentum comprobat, et ideo neque
impugnans defuncti judicium, vel pietatem, non odiosa
hæc actio videtur, neque magis prohibendus est quam
scriptus hæres, adita hæreditate, prohibetur quartam de
legatis aut fideicommissis petere.

Dirigenda autem est in eos qui hæredes scripti sunt, non
in legatarios ut fieri solet cum de Falcidia agitur (*l.* 1. *pr.
ff. si cui plus quam per leg. Falc.*, 35, 3; Nov. CXV,
cap. V).

Ut actioni ad supplementum locus sit, oportet ut qui eo
modo agere velit aliquid receperit quocumque titulo ante

Justinianum, et post Novellam CXV, pro qualibet patrimonii parte hæres institutus sit.

Cumque in donatione cautum non fuerit ut in quartam
haberetur, nulla donatio erit conferenda, præterquam si
ad militiam emendam (*l.* 30. § 2. *C. h. t.*), aut dotis causa,
vel propter nuptias donatum fuerit; olim autem dos filiæ
data querelam inofficiosi non excludebat, ut ex duobus imperatoris Alexandri constitutionibus in fragmentis codicis
Gregoriani servatis intelligere possumus (*lib.* II, *tit.* VI,
ed. Hœnel): Imperator Leo dotem computandam esse statuit (*l.* 17, *C. de collationibus,* 6, 20; *l.* 6. *ff. cod.,* 37, 7),
quod Zeno de omnibus propter nuptias donationibus observandum esse jussit (*l.* 29. *C. h. t.*).

Admonendi autem sumus eum qui testamentum inofficiosum improbe dixerit, omnia perdere quæ sibi legata
fuerint, eaque fisco vindicari ut indigno ablata (*l.* 8. § 14.
ff. h. t.), quod non in donationibus inter vivos aut mortis
causa obtinet (*l.* 11, *ff. h. t.*), et cum ea lege legatum fuerit
ut alii restitueretur, pro ea tantum parte quam ex lege
Falcidia retinere potest (*l.* 8. § 14. *ff. h. t.*; *l.* 22. § 1, 2, 3;
l. 30. § 1. *ff. h. t.*; § 4. *II. h. t.*).

Victus autem in querela testamentum tamen ut falsum
arguere poterit, et ex diverso, postquam falsum aut non
jure factum inutile arguerit, postea de inofficioso actionem exercere licebit (*l.* 14. *C. h. t.*; *l.* 47. *ff. de hæred.
petit.,* 5, 3; *l.* 3. *C. eod.* 3, 31).

DE INOFFICIOSIS DONATIONIBUS.

(Cod., lib. III, tit. xxix.)

Inofficiosa donatio est quæ immodica a donatore dum in
rebus humanis agebat facta est, ad eludendam inofficiosi
testamenti querelam (*ll.* 1. 8. *C. h. t.*).

Quamvis eadem æquitatis ratio eas nullius esse momenti ut testamenta jusserit, attamen contra eas videtur actio introducta imperatoris Alexandri constitutione ad Claudium Julianum, his verbis: *Si liquet tibi, Juliane carissime, aviam intervertendæ inofficiosi querelæ patrimonium suum donationibus in nepotem factis exinanisse, ratio deposcit, id, quod donatum est, pro dimidia parte revocari* (*l.* 87. § 3. *ff. de legatis* 2°, 31).

Ceterum non dubitandum quin de inofficiosis donationibus eadem omnino intelligi debeant ac de inofficioso testamento (*ll.* 1. 2. 4. 9. *C. h. t.*; *l. unic. C. Th. h. t.* 2, 20; *Vat. I. R. frag.* § 270).

Itaque si filio pater sit hæres, poterit inofficiosas donationes ab illo factas arguere, ut ex *leg.* 4. *C. h. t.* videre facile est, quamvis in speciali hoc casu non necessarium fuerit hoc auxilium.

Item si donationes non in extraneum, verum in filios vel nepotes collatæ fuerint, non de inofficioso querelæ locus erit, verum actioni ad supplementum (*ll.* 5. 7. 8. *C. h. t.*).

Item cessat querela si quartam habuerit hæres, aut si deseruerit querelam, aut si donatio nulla sit.

DE INOFFICIOSIS DOTIBUS.
(Cod., lib. III, tit. xxx.)

Olim autem licebat cuique mulieri totum patrimonium dotis constitutione erogare; nam, ut ait imperator Alexander, in *leg.* 4. *C. de jure dotium,* 5, 12, *nulla lege prohibitum est universa bona in dotem marito fœminam dare,* nisi minor esset xxv annis (*l.* 9. § 1; *l.* 48. *ff. de minoribus* xxv *annis,* 4, 4).

Constantius imperator constitutione in codicibus tam Theodosiano quam Justinianeo posita (*l.* 1. *C. Th. h. t.* 2, 21; *l. unic. C. eod.*), ad hunc novum casum id jus aptavit quod anterioribus legibus obtinebat in inofficioso testamento.

Tribonianus autem cum hanc legem in codicem posuit, ad matrem eam referri voluit, hac interpolatione sua, *cum omnia bona* A MATRE TUA.... Quæ quidem lex ad præsidem Ciliciæ directa est non ad privatam personam.

Credendum potius hic loqui de patre qui dote immodica filiæ data totam substantiam exhausit, et postea filiis conquerentibus, illis licebit ad similitudinem testamenti inofficiosi contra dotem agere, et debitam sibi quartam ex lege repetere. Illud quoque statuit *l.* 2. *C. Th. h. t.*, quæ, quod ad liberos ex priore matrimonio ortos pertinet abrogata est *leg. hac edictali*, 6. *C. de secundis nuptiis*, 5, 9, qua cavetur ne sit licitum parenti, novercæ vel vitrico quæcumque titulo plus relinquere quam filio vel filiæ si unus exstiterit, aut si plures non amplius quam ei cui minor portio ultima voluntate derelicta, vel data fuerit, vel donata.

In fraudem præterea legis Papiæ decimariæ dos non debet constitui, ut ecce, si vir et uxor nullum habeant liberum unam tantum decimam capere possint (ULP. *fr. tit.* XV); ideoque nec dotis repromissione vir amplius capiet, verbi gratia si inter eos convenerit ut, etsi communem filium non haberent, dos nihilominus apud virum remaneret (*l.* 72. *ff. de jure dotium*, 23, 3). Quod si capacitas solidi inter eos exstiterit, huic legi locus non erit, quartam tantum salvam esse oportebit.

DROIT FRANÇAIS.

DE LA PORTION DE BIENS DISPONIBLE ET DE LA RÉDUCTION.

SECTION PREMIÈRE.

HISTOIRE ET NATURE DE LA LÉGITIME DANS L'ANCIEN DROIT FRANÇAIS, JUSQU'AU CODE CIVIL.

Tacite nous apprend que les testaments étaient inconnus des Germains, et les lois barbares telles que nous les connaissons, nous montrent, en effet, que la succession appartenait tout entière aux enfants, sans même supposer que l'on pût disposer en faveur d'étrangers, et les textes où il est question d'une limite que l'on ne pourrait dépasser, ne parlent que de donations entre-vifs (*L. Rip.*, tit. LXI, art. 11). C'est le voisinage du Droit romain qui a fait connaître aux Barbares l'usage des testaments; et l'influence morale qu'il exerçait sur eux, jointe à leurs anciennes habitudes, n'a pas pu ne pas introduire dans les législations modernes le principe qu'une personne, jouissant de la plénitude de sa raison, ne pouvait, sans de justes motifs, dépouiller ses héritiers les plus proches au profit d'étrangers; et ce fut surtout par le *Breviarium* d'Alaric, dont l'autorité, d'abord bornée aux provinces conquises sur les Goths, finit par s'étendre sur tous les hommes d'origine romaine habitant l'empire frank, que cette influence se répandit.

D'après le *Breviarium,* un quart de la succession est réservé pour tous les héritiers qui peuvent y avoir droit, déduction faite des dettes, des frais funéraires et des affranchissements. Paul. *Sent.,* lib. IV, tit. v, § 6.

Les enfants peuvent attaquer le testament de leurs ascendants, et réciproquement, si le quart n'a pas été réservé (*ll.* 1. 2. 3. *C. Th. de inoff. test.,* 2, 19); mais l'action n'existe pas au profit des frères utérins. *Interp. ad l.* 1. *h. t.*

Le Code Théodosien n'énumère aucun cas de juste exhérédation; ils sont laissés à la prudence des tribunaux. La loi 2, cependant, énonce le cas où la mère aurait dressé des embûches à ses enfants, ou aurait entretenu un commerce illicite avec leurs ennemis, *vel inhonestis factis atque indecentibus votis filium obsedit.* Il y a lieu à l'action *ad supplementum,* quand une donation excessive a été faite à l'un des cohéritiers (Paul. *Sent.,* lib. IV, tit. v, § 7); ou quand le père a ordonné dans son testament qu'il en fût ainsi (*l.* 4. *C. Th. h. t.*); ou quand il a fait une donation entre-vifs à cette condition (*l.* 25. *pr. ff. de inoffic. test.,* 5, 2). Mais on ne pouvait renoncer d'avance à cette action ou à la plainte d'inofficiosité (Paul. *Sent.,* lib. IV, tit. v, § 8). La dot donnée à la fille n'était pas comprise dans la computation du quart (*Cod. Gregor.,* lib. II, tit. *de inofficioso testamento; Const.* 1 et 2). Cette action dure cinq ans (*l.* 5. *C. Th. h. t.*); mais une fois que l'on a commencé à agir, on peut continuer pendant trente ans (*Interpr. ad hanc legem*). Enfin la reconnaissance de l'héritier l'empêche de continuer les poursuites (*l. ult. C. Th. h t.*). Une action semblable existe pour le cas de donations (*l. unic. C. Th. de inoff. donat.,* 2, 20), ou de constitutions de dot excessives (*l.* 1. *C. Th., de inoff. dotib.,* 2, 21), ou même contre des ventes ayant pour but de frauder la loi, *Cod. Hermog.,* tit. vi, *Const. unic.*

Telles étaient les principales règles posées par le *Bre-viarium* sur cette matière. Les recueils des formules les suivirent (1), et de nombreux documents provenant soit de personnes vivant sous la loi romaine, soit de personnes vivant sous d'autres lois, nous montrent la généralité de son application sous le nom de *Falcidia* (2), qui souvent même désigna le quart, sans application à l'hérédité. SA-VIGNY, *Histoire du Droit romain au moyen âge*, t. II, § 42 et note *p.*

Combien de temps cet état de choses dura-t-il? c'est ce que l'on ne saurait dire, car les rapports de l'Occident avec l'Orient, qui ne cessèrent jamais entièrement, et les suites de la conquête de l'Italie par les Grecs, durent amener peu à peu dans les Gaules la connaissance des compilations de Justinien, connaissance qui se manifesta de bonne heure, puisqu'on la retrouve déjà dans divers recueils de formules (SAVIGNY, *loc. cit.,* § 46), qui remontent aux vi^e et viie siècles. Mais ces principes provenant d'une législa-tion étrangère n'avaient pas encore eux-mêmes jeté des racines assez profondes dans les mœurs; aussi voit-on sou-vent les donataires, dans la crainte d'une réduction, faire intervenir dans la donation les enfants du donateur.

Il faut aller jusque vers le milieu du xie siècle, jusqu'aux *Petri exceptiones legum romanarum,* pour voir la légi-time entrée dans les habitudes, et les principales innova-tions de Justinien prendre place dans le droit commun de l'Occident, après avoir déjà pris place dans le Droit lom-bard par les lois de Rotharis (SAVIGNY, *loc. cit.,* § 78). A cette époque, la légitime est du tiers s'il y a trois en-fants, de la moitié s'il y en a davantage; mais celle des ascendants n'est jamais que du quart. Elle ne peut être grevée d'aucune charge. Elle porte sur tous les biens, sans

---

(1) Form. Goldast C. 13. Form. Baluz. C. 27, citées par M. de Savigny.

(2) *Præterea ista omnia reservavimus in Falcidia hæredibus nostris* (*Test. de Widrad,* an 721. — *Pardessus,* loi salique, p. 721).

doute avec les mêmes déductions qu'en droit romain. C'est une obligation imposée par la loi au testateur, *non ex voluntate, sed ex necessitate (Petri except.,* lib. I, cap. XII). Les justes causes d'exhérédation sont soigneusement énumérées dans le chapitre XV, qui ne fait que reproduire le chapitre I de la Novelle CXV. Il y a lieu à l'action *ad supplementum* dans les cas que nous avons vus ; mais la dot donnée à la fille sera comptée en déduction de sa légitime, chap. XVII. Ici le *Petrus* ne reproduit pas la disposition de la Novelle CXV qui voulait que l'héritier fût institué pour quelque chose. Dans le cas de donations inofficieuses, il y a lieu à l'action en nullité de ces donations, si le fils n'a pas eu le quart, soit entre-vifs, soit par testament ; s'il l'a, il ne peut pas agir, chap. XIII. Sans doute, il y a lieu à l'action *ad supplementum* dans les mêmes cas que pour le testament.

Le *Petrus,* rédigé à Valence, en Dauphiné, n'a guère parlé que du droit des provinces du midi de la France, divisée depuis longtemps en provinces de droit écrit et provinces de droit coutumier (*Edictum Pistense,* an. 864), et dont nous voyons la division mentionnée dans le livre II, chap. XXXI, *in fine;* et d'après ce que nous venons de voir, on peut admettre avec certitude que, dès cette époque, tout le droit de Justinien sur la légitime avait passé dans les premières de ces provinces.

Le droit des provinces de coutumes fut, au contraire, bien plus longtemps à se former. Si nous devions ne nous en rapporter qu'au chapitre XXXVIII du Conseil de Pierre de Fontaines, écrit entre 1250 et 1260, il faudrait admettre sans hésiter que, au moins dans le bailliage de Vermandois, on suivait dès cette époque la loi romaine, dont il a traduit de nombreux passages : mais le paragraphe 10 du chapitre XXXIV nous donne les règles admises par le droit coutumier de l'époque, règles que Beaumanoir a reproduites (chap. XII, §§ 17 et suivants), en y ajoutant quelques détails. Il n'y a lieu à réduire les donations et les legs que quand les quatre quints des propres ne peuvent pas suffire *à le soustenance* des enfants. Dans ce cas, il y a lieu à la réduction des legs *tant que li hoir puissent resnablement vivre et avoir lor soustenance selonc lor estat;* à moins cependant qu'il n'y ait eu de justes causes d'exhérédation, parmi lesquelles il range la prodigalité : mais sous aucun prétexte, on ne peut toucher aux quatre quints des propres. Du reste, dans les causes d'exhérédation qu'il énumère, il est visiblement inspiré de la législation romaine. Enfin, bien qu'il ne fasse mention d'aucune espèce de quotité, le paragraphe 19 de ce chapitre indique que, si l'on a institué une ou deux personnes légataires universels, elles partageront les biens légués par tête avec les enfants; ce qu'avait aussi admis Pierre de Fontaines comme étant le droit coutumier de l'époque (chapitre XXXIV, § 10). Du reste, Beaumanoir dit positivement que l'on devra s'en rapporter à l'estimation du juge (chap. XIV, § 15, et chap. LXX, § 5). Le paragraphe 20 nous laisse dans le vague quant aux personnes qui peuvent intenter cette action; mais Pierre de Fontaines (chap. XXXIV, § 11) refuse le droit d'attaquer le testament aux frères et sœurs; il l'accorde aux père et mère, à la différence du droit coutumier postérieur.

Les *Établissements* de saint Louis, ouvrage contemporain des deux précédents, quel que soit du reste leur auteur, ne reconnaissent au père le droit de disposer en faveur des puînés que du tiers des propres, et des achats et conquêts. Cette disposition quant au tiers des propres ne fut pas suivie; presque partout la réserve fut des quatre quints des propres. Liv. I, chap. VIII.

Une femme noble ayant des enfants ne pouvait donner qu'à titre de récompense, et fort peu de chose, *ne le tiers, ne le quart, ne le quint, selon l'usage de cort laie* (chap. LXIV). Le seigneur prenant les biens du serf par droit de mainmorte est tenu d'acquitter ses dettes et ses legs (chap. XCVI) : mais tel ne fut pas le droit universellement admis; car Beaumanoir (chap. XII, § 3) et la coutume de Champagne (*Grand coustumier*, liv. II, chap. VII) ne lui accordent le droit de disposer que de *cinq sols*. *Voir* Loisel, *Institutes coutumières,* liv. I, tit. 1, § 74.

L'ancienne coutume de Normandie, qui date aussi de cette époque, nous indique précisément une quotité disponible du tiers *de l'héritage et de l'eschaete;* elle ne permet pas de donner à l'un des enfants plus qu'à l'autre : tout avantage est sujet à rapport (chap. XXXVI). *Voir sur ce dernier point* Beaumanoir, chap. XII, § 3; de Fontaines, chap. XXXIII, § 3.

Toutes ces décisions sont applicables, qu'il s'agisse de dispositions testamentaires ou entre-vifs. Beaumanoir, chap. LXX, § 5; Pierre de Fontaines, chap. XXXIV, § 10.

La très-ancienne coutume de Bretagne, qui paraît être de la fin du xiv° ou du commencement du xv° siècle, admet déjà les distinctions qui ont été faites dans presque toutes les coutumes entre les dispositions entre-vifs et testamentaires. Par les premières, outre les meubles, on peut donner le tiers des propres (chap. XLII); par les autres, on ne peut donner que le tiers des meubles (chap. CCVI); mais les nobles peuvent donner tout leur mobilier, *parce qu'ils doivent mieux savoir ce qu'ils font que les autres gens.* Chap. CCXI.

Enfin Bouteiller (*Somme rurale,* liv. I, tit. ciii, *in fine*) nous donne des règles absolument semblables à celles du Droit romain, et tirées des lois 2 et 3, et de l'authentique *Novissima C. de inoff. test.,* 3, 28.

Un fait constant est donc que l'introduction de la légitime dans les coutumes vient des travaux des anciens jurisconsultes français, qui ont essayé de lui appliquer toutes les règles du Droit romain; et si les anciennes coutumes ne parlent pas de sa quotité, c'est qu'elles s'en rapportaient au Droit romain pour la fixer. Dumoulin, quand il traite ce point, ne cite que l'authentique *Novissima*. Ce n'est que lors de la réformation des coutumes que l'on introduisit une légitime unique fixée à la moitié par la plupart des coutumes, au tiers par quelques autres (Paris, 298; Eu, 105; Normandie, 418). Mais il y avait de nombreuses différences entre la jurisprudence du Nord et celle du Midi; pour mieux les comprendre, nous devons parler d'abord des pays de droit écrit.

La légitime, en pays de droit écrit, était une portion des biens et non de l'hérédité (VOET, *ad Pandectas*, lib. II, tit. v, *de inofficioso testamento*, n° 44), d'où l'on tirait la conséquence, que l'on pouvait la demander bien qu'ayant renoncé à la succession, même par contrat de mariage. Telle était l'opinion de la plupart des auteurs de droit écrit. Domat (*L. Civ.*, 2ᵉ partie, liv. III, tit. III, sect. 1, art 1) la définit, au contraire, *une portion de l'hérédité*, et semble admettre, par conséquent, qu'il faut être héritier pour y avoir droit, d'autant plus que, quelques lignes plus haut, il exclut les filles renonçantes du droit de la demander. L'opinion contraire avait cependant prévalu; on allait même jusqu'à décider que le légitimaire ne devait pas contribuer aux dettes au delà de ce qu'il recevait à titre de légitime. SERRES, *Instit.*, liv. 11, tit. XVIII, § 1.

La légitime était due aux enfants en premier lieu, puis aux ascendants; les causes d'exhérédation étaient celles de la Novelle CXV (*ibid*). Les frères et sœurs avaient les mêmes droits que suivant la loi romaine.

On avait élevé des difficultés sur le point de savoir si la Novelle CXV était applicable en France; l'ordonnance de 1735 sur les testaments, art. 50 et 51, conformément à la jurisprudence des parlements de droit écrit, décida que les légitimaires devaient être institués héritiers pour une chose, si modique qu'elle fût, mais qu'il le fallait. Il y avait cependant quelques statuts locaux qui permettaient de laisser la légitime à quelque titre que ce fût; ils furent confirmés par l'art. 55 de l'ordonnance. SERRES, *loc. cit.,* § 3.

Les intérêts de la légitime ou des legs faits pour en tenir lieu, courent du jour du décès (SERRES, *Instit.,* liv. II, tit. xx, § 1), à cause de la nature particulière de la légitime, qui est une portion de l'hérédité, *et que toute hérédité doit produire nécessairement des fruits.*

La demande en supplément n'était pas autrefois partout admise; l'art. 52 de l'ordonnance de 1735 l'introduisit dans tous les pays où elle n'avait pas lieu, ou qui la refusaient dans certains cas.

Elle doit être payée en corps héréditaires (ANT. PEREZII *Prælect.* in lib. III, *Cod.,* tit. xxviii, *de inoff. test.,* n° 37); cependant en Provence elle pouvait l'être en argent. JULIEN, *Statuts,* I, 493.

La légitime des ascendants, en concours avec des frères et des sœurs, était autrefois fixée au tiers de leur portion ab intestat quand c'était un des frères ou sœurs qui avait été institué. L'art. 61 de l'ordonnance de 1735 fixa, dans ce cas, leur légitime au tiers de tous les biens, comme quand la disposition avait eu lieu au profit d'un étranger.

On suivait la Novelle XVIII, chap. I, en admettant la représentation quand les enfants venaient à des degrés inégaux. Mais la faveur de la légitime faisait admettre que plusieurs enfants d'un seul et unique fils prédécédé venaient de leur chef, et avaient ainsi droit à la moitié des biens de leur aïeul s'ils étaient plus de quatre (SERRES, *Instit.,* liv. II, tit. xviii, § 3, *in fine*). Mais, au contraire du Droit romain, toutes les donations ou legs faits soit aux enfants, soit aux étrangers, entraient dans le calcul de la masse; mais non ceux faits au fils ou à la fille religieux (SERRES, *ibid.*). La réduction des donations avait lieu en commençant par les dernières (Ordon. de 1731, 34), et avait lieu contre les constitutions de dot, même à l'égard du mari (35).

au contraire du droit antérieur à l'ordonnance, qui n'admettait pas cette action, le mari étant considéré comme la tenant à titre onéreux. *Ibid.*

Les renonçants qui n'ont rien reçu de leur père ne comptent pas (*l.* 17, *ff. de inoffic. test.*, 5, 2); mais ils comptent quand ils ont reçu une donation, que même ils peuvent retenir jusqu'à concurrence de la légitime et du don qui leur est fait (Nov. XCII): car, puisque, même en renonçant, ils peuvent demander leur légitime, à plus forte raison peuvent-ils la retenir par voie d'exception.

Bien que la légitime, dans les provinces coutumières, ait son principe dans la législation romaine, cependant les règles que nous venons de voir sur la légitime de droit écrit n'y furent pas toutes appliquées. Un premier principe dut les modifier, ce fut la prohibition d'être à la fois héritier en ligne directe et légataire, que nous trouvons écrite dans la plupart des coutumes, et qui avait une origine fort ancienne, puisque Beaumanoir la pose en principe (chap. XII, § 3. Voyez *Ancienne coutume de Normandie,* chap. XXXVI. Loisel, *Instit. coutumières,* liv. II, tit. iv, § 12; Paris, 300). Le motif de cette règle n'était pas l'incompatibilité des deux qualités, mais on ne reconnaissait pas au testateur le pouvoir de faire la position de l'un de ses héritiers meilleure que celle de l'autre. De Laurière, *sur* 300. Paris.

C'est cet amour de l'égalité qui avait aussi fait admettre, dès Beaumanoir, que l'on ne pourrait procurer par donation à un enfant un avantage aux dépens des autres; il ne le permettait qu'au cas de mariage, et encore dans des limites raisonnables. Chap. XIV, § 15.

D'un autre côté, si les provinces de droit écrit suivaient le Droit de Justinien dans la matière des successions ab intestat, les provinces coutumières étaient revenues à un système assez semblable à celui de la loi des XII Tables. D'après le Droit ancien tel qu'il nous est attesté par Des-

marcs (*Décision* 236), les enfants mariés de biens communs, et ceux émancipés, quand d'autres étaient restés *en
celle*, c'est-à-dire dans la maison du père, menant la vie
commune avec lui, ne pouvaient plus venir à sa succession, à moins que dans le contrat de mariage on n'eût réservé qu'ils viendraient en faisant le rapport, ou à moins
que tous n'eussent été mariés ou émancipés, auquel cas tous
viendraient, car il n'y avait pas de raison de préférer les
uns aux autres, et l'on ne voulait pas faire venir un autre
ordre d'héritiers. Beaumanoir, chap. XIV, § 26.

Cependant ce droit changea ; du temps de Bouteiller
(*Somme rurale*, liv. I, tit. lxxv), il n'était plus nécessaire
de réserver expressément le droit de venir à la succession
en faisant le rapport, soit de ce qu'on avait gagné, soit
de ce qui avait été donné. Cette clause fut implicitement
admise, et le rapport restreint à ce qui avait été donné.

La conséquence rigoureuse de l'ancien Droit était que
la donation faite à l'enfant émancipé se trouvait ainsi être
faite à un étranger, et que, plus tard, en ne venant pas à
la succession, il pouvait la garder en respectant la légitime
des autres enfants ; il ne pouvait pas compter quand on en
faisait le calcul, et n'avait pas besoin d'une renonciation
expresse pour retenir son don.

En troisième lieu, la plus importante de toutes les modifications dans la nature de la légitime vint de l'adoption
de la règle, *le mort saisit le vif,* comme principe général
de droit coutumier. Cette maxime, fort ancienne, dérivait
probablement du principe de la copropriété entre les membres d'une même famille, principe qui a été la base de la
succession des *hæredes sui* de la loi des XII Tables ; et sur
une plus large échelle, celle des successions dans le Droit
germanique. Introduite d'abord dans le Droit féodal pour
éviter de payer au seigneur les droits de relief pour les
fiefs dans la succession en ligne directe, elle avait fini par
passer dans les successions ordinaires, quels que fussent les
héritiers.

Mais quand il y avait des enfants, c'étaient ceux qui étaient restés *en celle* qui seuls en profitaient; seuls ils étaient héritiers, pouvaient intenter les actions qui y étaient relatives: et comme ils étaient saisis de la totalité des biens, ils furent seuls saisis de cette partie, qui portait le nom de *légitime*. Les émancipés, devenus étrangers par le seul fait de leur inaction, ne purent y rien prétendre.

Mais la distinction entre les enfants émancipés et les non émancipés s'effaça peu à peu, elle ne subsistait plus à la fin du seizième siècle (CHARONDAS, note *c*, sur le tit. LXXV de BOUTEILLER). Tous les enfants se trouvant saisis de la succession, ceux qui voulaient s'en tenir éloignés, durent y renoncer d'une manière expresse; jusque-là, ils étaient saisis de la légitime, aussi bien que de tout le reste.

Devenant étrangers par le fait de leur renonciation, ils n'avaient pas plus de droits qu'autrefois les émancipés qui ne voulaient pas venir à la succession, et l'on dut nécessairement conclure, comme le fit Dumoulin, sur l'art. 125 de l'ancienne coutume de Paris, que, pour avoir droit à la légitime, il fallait être héritier. *Voir* LOISEL, *Institutes coutumières*, liv. I, tit. I, §§ 38, 74, 76, 83; liv. II, tit. v, § I, et *ibi*, LAURIÈRE. POTHIER, *des Donations entre-vifs*, sect. III, art. V; *Introd. au tit.* XV *de la coutume d'Orléans*, n° 76. BOURJON, *Droit commun de la France; des successions*, 2ᵉ partie, chap. XI, n° 52. Paris, 298, 307, 318; Normandie, 235; Orléans, 274; etc.

Puis la clause de réserver les enfants à la succession de leur père quand on leur faisait des libéralités devint tellement fréquente, que l'art. 159 de l'ancienne coutume de Paris (278 de la nouvelle) posa comme principe, que toutes donations faites aux enfants seraient réputées faites en avancement d'hoirie, et qu'on les dispensa, comme telles, du droit de relief (26); mais aussi, dès lors, tous avantages faits à l'un des enfants furent interdits: peu de coutumes les maintinrent. Berry, VII. 9, 10; Bourbonnais, 308; Bourges, 111; Nivernais, XXVII. 11.

Mais l'enfant auquel une donation avait été faite, pouvait-il renoncer pour s'en tenir à ce don ? Cette question, résolue dans le sens de l'affirmative par la Novelle XVIII, pour les pays de droit écrit, le fut, pour les pays de coutumes, par Dumoulin, au moyen d'une distinction entre les donations faites purement et simplement aux enfants, lesquelles étaient réputées en avancement d'hoirie (Paris, *anc.* 125), et celles qui étaient faites expressément *en avancement d'hoirie.* Dans le premier cas, le fils doit toujours rapporter s'il veut venir à la succession ; mais il peut renoncer pour s'en tenir à son don, et alors il paye le relief comme si la donation avait été faite à un étranger. Dans le second cas, le père peut révoquer la donation par son testament, pourvu qu'il ne porte pas atteinte à la légitime, et le donataire est forcé de rapporter ; il ne peut renoncer pour s'en tenir au don qui lui est fait. Le père a voulu que son fils eût simplement une anticipation de jouissance sur sa succession ; ce serait aller contre sa volonté que de permettre au fils de retenir plus que la légitime. Dumoulin, *Consil.* 29, n° 2 ; 35, n° 16 ; 59, n° 8. *De donat. in contr. matr. fact.*, n° 19. *Comm. sur les art.* 17, n° 1 ; 124, n° 6 ; 159, n°ˢ 1 *et* 5 *de l'anc. cout. de Paris* (1).

Mais l'opinion de Dumoulin fut rejetée par l'art. 307 de la coutume réformée, qui n'admit aucune distinction et qui devint le droit commun. Bourjon, *Droit commun de la France*, 2ᵉ partie *des successions*, chap. XI, n° 19. Pothier, *Introd. au tit.* xv *de la cout. d'Orléans*, n° 76 ; etc.

Quelques coutumes allèrent même beaucoup plus loin, et sont connues sous le nom de *coutumes d'égalité parfaite* ; elles allaient jusqu'à ordonner le rapport des avantages, même en renonçant. Touraine, 302, 304 ; Anjou, 337 ;

---

(39)

Maine, 278, 349; Dunois, 65; Reims, 320; Bretagne, 599; Normandie, 434. Mais c'était là un droit exceptionnel spécial à ces provinces.

Du moment que la légitime était une portion de l'hérédité, les intérêts en couraient du jour du décès (Bourjon, *l. c.*, n° 41); les renonçants ne pouvaient la demander. L'action pour la demander était une action ordinaire qui durait trente ans. Mais aussi le légitimaire se trouvant héritier, fut tenu du payement des dettes sur sa légitime; on a trouvé cela singulier, mais il n'y a là rien que de naturel : car son auteur, duquel dérive son droit, ne peut le favoriser aux dépens de ses créanciers. Enfin celui qui demandait sa légitime devait rapporter tout ce qu'il avait reçu.

La quotité de la légitime fixée par l'art. 298 de la coutume de Paris devint celle des coutumes qui n'avaient pas de disposition spéciale à cet égard (Bourjon, *l. c.*, n° 9). Cependant Ricard (*Sur l'art.* 161 *de la cout. de Senlis; Traité des donations,* 3ᵉ partie, n° 1013) pensait qu'il fallait suivre le Droit romain; mais son opinion fut rejetée. Cette légitime fixée d'une manière invariable à l'égard des donataires ou légataires, il fallait savoir ensuite quels seraient ceux qui viendraient y prendre part.

Ne doivent pas être comptés : les prédécédés qui ne sont pas représentés; les morts civilement; ceux qui sont exhérédés justement; la fille religieuse, même dotée, parce qu'il y a incapacité de leur part de succéder; de même celui dont la renonciation est entièrement gratuite, parce qu'il veut être absolument étranger à la succession. Bourjon, *l. c.*, n°ˢ 21, 22, 23, 83, 84. Pothier, *des Donations entre-vifs,* sect. III, art. V, § 3.

Sont au contraire comptés, tous ceux qui renoncent par suite des donations qu'ils ont reçues, même la fille dotée qui renonce par son contrat de mariage; car les avantages qu'ils ont retirés rentrent dans la masse, et s'ils ne les avaient pas reçus, ils seraient venus à la succession du défunt (Bourjon, *l. c.*, n°s 19, 23. Pothier, *ibid.*) Mais lorsque l'enfant renonce pour retenir le don qui lui est fait en même temps que sa légitime, il retient d'abord sa légitime, *en qualité d'enfant,* dit Ricard (n° 979), et le surplus lui reste comme à un étranger, en vertu de la donation. D'où il résulte que l'imputation de la donation se fait d'abord sur la légitime, puis sur la portion disponible. *Arg. ordonn. de* 1731, art. 34.

Quant au motif qui avait fait admettre l'art. 307, qui dérive évidemment de la Novelle XCII, c'est pour remédier un peu à la prohibition des coutumes d'avantager un enfant plus que l'autre : car dans les plus anciennes (Anjou, 334 ; Touraine, 304, 309), l'enfant donataire pouvait renoncer ; mais il n'en devait pas moins le rapport.

Enfin Dumoulin pensait que toutes les donations faites aux enfants devaient contribuer indistinctement à la légitime. Sa doctrine à ce sujet, admise par un arrêt du commencement de l'année 1675, mais combattue par Ricard et Lebrun, fut définitivement proscrite par l'ordonnance de 1731, art. 34.

Le droit coutumier ne reconnaissait pas de légitime en faveur des ascendants : la question avait été controversée autrefois ; mais dès la fin du xvie siècle, de nombreux arrêts avaient décidé la négative. *Voir* Renusson, *Traité des propres,* chap. II, sect. II, n°s 10 et 11. Louet, v° *Légitime,* n° 1 ; édit. de 1618.

Pour terminer, quant à l'ancien droit, sur les diverses sortes de biens réservés aux héritiers, nous devons ajouter quelques mots sur les réserves coutumières et le douaire des coutumes de Paris et de Normandie.

La *réserve coutumière* se composait de certains biens dont il était défendu de disposer par testament. Cela comprenait, d'après la plupart des coutumes, les quatre quints des propres (Paris, 292) ; mais on pouvait en disposer par donation entre-vifs (Paris, 272). Pour y avoir droit, il

fallait être héritier du côté et ligne d'où ces biens pro-
cédaient; par conséquent, s'il n'existait pas d'héritiers de
cette qualité , ils rentraient dans la succession ordinaire et
suivaient le sort des acquêts et des meubles. Cette réserve
est faite à la qualité d'héritier; d'où il suit que celui qui
renonce pour s'en tenir à son don ne peut y avoir aucune
part (POTHIER, *Des donations testamentaires,* chap. IV,
art. II, § 4). L'héritier qui prend les propres est tenu de sa
part dans les dettes de la succession; mais celui qui, en sa
qualité, a droit et aux propres et aux autres biens, peut s'en
tenir aux quatre quints des propres et abandonner le reste
aux légataires, sans cependant pouvoir s'affranchir du fardeau des dettes. Paris, 295.

La légitime dont nous venons de parler si longuement
porte le nom de *légitime de droit.* Il ne faut pas la confondre avec la *légitime coutumière* de quelques coutumes, et
particulièrement de celle de Blois (167), qui défendait aux
personnes non nobles (*note sur ledit article*) de disposer par
donation entre-vifs, au delà de la moitié de leurs propres.
Du reste, on appliquait à cette légitime les mêmes règles
qu'aux réserves coutumières. POTHIER, *Des donations
entre-vifs*, sect. III, art. VI.

Les coutumes reconnaissaient aux femmes, en se mariant,
un douaire sur les biens de leur mari; suivant la plupart
d'entre elles, ce n'était qu'un droit d'usufruit.

La coutume de Paris (248), la coutume de Normandie
(399) et quelques autres le faisaient porter sur la pleine
propriété d'une partie des propres du mari; la coutume de
Normandie (404) y ajoutait même le tiers des propres et
des conquêts de la femme. C'était une sorte de réserve en
faveur des enfants qui renonçaient à la succession; ils le
prenaient alors franc et quitte de toutes charges que leur
père aurait pu y imposer, sans droit d'aînesse, parce qu'ils
ne pouvaient le prendre qu'en qualité de renonçants à la

succession, comme aussi sans droit d'accroissement entre
eux quand l'un des enfants se portait héritier de son père.
Ceux qui venaient au douaire n'étaient pas tenus de payer
les dettes, car ils devenaient étrangers à la succession ; mais
ils devaient rapporter, soit en nature, soit en moins prenant, tous les avantages qu'ils auraient reçus du vivant de
leurs père et mère (Paris, 248, 249, 250, 252 ; Normandie,
399, 401, 403. LOISEL, *Instit. coutum.*, liv. I, tit. III,
§§ 27, 28, 31, 32). La coutume de Normandie (402) le
faisait partager d'après les règles du droit d'ainesse.

Tout cela disparut avec la loi de nivôse (62), et les re-
cherches sur ces derniers points n'ont plus guère aujourd'hui
qu'un intérêt historique ; je n'en parlerai donc pas plus
longuement.

Tel était l'état des choses lorsque la Révolution éclata.
Ni l'Assemblée constituante, ni l'Assemblée nationale ne
s'occupèrent sérieusement de la matière des successions.
Il faut arriver à la loi du 17 nivôse an II, pour trouver
un système complet sur la matière des successions et des
donations. Cette loi, qui rétroagissait jusqu'au 14 juillet 1789,
en déclarant soumises à ses règles toutes les successions
ouvertes depuis cette époque , interdisait de donner plus
que le dixième des biens si l'on avait des héritiers en ligne
directe, et le sixième si l'on en avait en ligne collatérale.
Par cette manière de compter la portion disponible, elle
indiquait nécessairement un changement profond dans la
nature de la réserve, qu'elle considérait ainsi comme faisant
partie de la succession. Mais, même en renonçant, on ne pouvait retenir le don fait dans les limites de la portion disponible ; à plus forte raison le cumul était défendu (10, 16, 21).
Enfin on comprend que toutes les règles qui tendaient à conserver les biens dans les familles furent abolies pour que l'on
arrivât plus facilement au nivellement des fortunes (9, 62).
Si l'on avait laissé une faculté absolue de disposer , les

habitudes anciennes auraient fait expressément ce qui n'existait plus dans la loi : de là la défense d'avantager un successible plus que les autres ; de là les moyens rigoureux que les art. 34 à 44 emploient pour éviter la concentration des biens dans quelques mains.

Cette loi, *abus de l'imagination échauffée par une théorie brillante de métaphysique* (TRONCHET, *Rapport sur le projet de Code civil*), allait à la ruine de l'autorité paternelle, en permettant aux enfants d'avoir toujours les mêmes espérances, quelle que fût, du reste, leur conduite envers leurs parents. Aussi, quand le calme fut rétabli par la constitution de l'an VIII, la loi du 4 germinal an VIII vint modifier les principes de la loi de nivôse, quant à la faculté de disposer. Une personne qui avait des enfants pouvait disposer du quart de ses biens, si elle avait moins de trois enfants, et ainsi de suite, de manière que le donataire pût avoir toujours autant qu'un enfant (1) : elle pouvait disposer de moitié si elle avait des ascendants, des frères et des sœurs, ou des descendants d'eux (2) ; des trois quarts si elle avait des oncles, grands-oncles, cousins germains ou descendants d'eux (3). Ces dispositions pouvaient avoir lieu avec dispense de rapport (4) ; la loi de nivôse conservait son effet, quant au reste de ses dispositions (5). On ne pouvait donc réclamer de réserve qu'en se portant héritier, et l'on ne pouvait cumuler le don avec la réserve.

Telle fut la législation de la France jusqu'en l'an XI, que fut présenté le projet de Code civil.

SECTION DEUXIÈME.

DE LA RÉSERVE EN GÉNÉRAL D'APRÈS LE CODE CIVIL.

Trois questions se présentaient à résoudre lorsque le Code civil fut rédigé : 1° Y aura-t-il des héritiers à qui une part de la succession doive appartenir ; 2° quelle sera cette part; 3° à quel titre et comment s'opère la séparation des portions disponible et indisponible.

§ I. — *Des personnes qui ont droit à une réserve.*

Le projet de Code civil, présenté dans la séance du 30 nivôse an XI, admettait une *légitime* en faveur des enfants et des ascendants, et une *réserve* en faveur des frères et des sœurs.

La loi de nivôse venait d'être abrogée, quant aux successions par la promulgation du tit. I du liv. III; de graves modifications furent apportées à son système, en matière de donations, par le projet du Code.

Quant à la légitime des descendants, on ne voulait, ni de la légitime de l'ancien Droit romain, ni de celle de Justinien ; parce que la première donnait trop peu quand il y avait plusieurs enfants, et que la seconde, qui était du tiers quand il y avait quatre enfants, et de moitié quand il y en avait plus, amenait ce résultat singulier, que dans le premier cas chacun n'avait qu'un douzième, tandis que dans le second il avait un dixième.

On préféra une quotité invariable; mais comme on trouvait celle de la coutume de Paris (une moitié), trop petite, on proposa de fixer la légitime des enfants aux trois quarts de ce qu'ils auraient eu, s'il n'y avait pas eu de dispositions.

A l'égard des ascendants, qui n'avaient droit à aucune légitime dans la plus grande partie des coutumes, on préféra suivre le système du Droit romain en ce qu'il accordait une légitime; on ne pouvait plus, à leur égard, suivre les systèmes coutumiers des propres qui leur en avaient presque tenu lieu, et dont l'abrogation, prononcée par l'art. 62 de la loi de nivôse, était maintenue par l'art. 732 du Code civil. Mais on s'écartait du Droit romain, en deux points : le premier, que la légitime était de moitié, au lieu d'être du tiers ; le second, que cette légitime devait être partagée entre eux, comme entre les enfants, dans la proportion de ce qui reviendrait à chacun à titre d'héritier.

Enfin on proposait d'admettre une réserve en faveur des frères et sœurs ou des descendants d'eux. L'exagération du système de la loi de nivôse avait été reconnue depuis longtemps ; on pensait aussi que la loi de germinal avait encore été trop loin ; on allait même jusqu'à admettre que le droit des collatéraux à la réserve n'était pas assez impérieux pour lui sacrifier le principe de l'irrévocabilité des donations : mais on voulait que le défunt ne pût priver, par son testament, des personnes qui avaient avec lui une parenté aussi proche ; on ne voulait pas non plus une trop grande inégalité entre cohéritiers : de sorte que les donations faites à l'un d'eux durent être soumises à la réduction. Et quant au taux de la réserve, on pensa que le quart serait suffisant ; on présenta donc l'art. xviii du projet, en ces termes :

« S'il y a des enfants ou descendants des enfants au temps du décès, ils auront, à titre de légitime, les trois quarts de ce qui leur reviendrait par succession, s'il n'y avait pas de donation entre-vifs ou testamentaire.

» A défaut de descendants, s'il y a des ascendants, leur légitime sera de moitié.

» A défaut de descendants et d'ascendants, s'il y a, au temps du décès, des frères ou sœurs ou des descendants d'eux, la loi leur réserve le quart de ce qui leur reviendrait, s'il n'y avait pas de donation entre-vifs ou testamentaire, sans néanmoins qu'à raison de cette réserve, les donataires par actes entre-vifs, autres que les successibles, puissent être, en tout ou en partie, évincés des biens à eux donnés.

» A défaut de parents dans les degrés ci-dessus exprimés, les donations ou legs pourront épuiser la totalité des biens. »

La discussion s'engagea d'abord sur la légitime des descendants. Cambacérès proposa un système, devenu l'art. 913 du Code, qui consistait à graduer la faculté de disposer d'après le nombre des enfants, et fixer la légitime aux trois quarts, s'il y avait plus de deux enfants ; aux deux tiers s'il y en avait deux ; à moitié s'il n'y en avait qu'un. Cette proposition, vivement combattue par Tronchet, appuyée par les membres des pays de droit écrit, qui pensaient même que la latitude de disposer n'était pas assez grande, fut adoptée dans la séance du 21 pluviôse.

La légitime des ascendants fut admise sans discussion dans la séance du 28.

Mais il n'en fut pas de même de la réserve des collatéraux. Une discussion fort animée s'engagea sur la nécessité de cette disposition ; on allait, en effet, beaucoup plus loin que le Droit romain, qui n'accordait la *querela inofficiosi* aux frères et sœurs que quand on avait institué des personnes infâmes : aussi cette réserve fut-elle attaquée. Le conseil la maintint cependant, mais avec ces modifications, que les neveux ne pourraient la demander, et que le *de cujus* aurait la liberté de tout donner par donations entre-vifs, même à un collatéral.

Telles furent les bases du projet qui fut présenté au Tribunat ; mais dans la rédaction on y fit un changement important : car, au lieu de fixer le taux de la légitime, on fixa celui de la quotité disponible. On se rangeait par là définitivement au principe de la loi de nivôse, que la légitime était une partie de la succession, et que, pour y avoir droit, il fallait aussi pouvoir avoir droit à la succession.

L'art. xviii du premier projet avait formé les art. xxi à xxv du projet qui fût présenté au Tribunat ; les art. xxi et xxii étaient les art. 913 et 914 ; les art. xxiii, xxiv et xxv posaient les diverses règles à suivre pour la réserve des frères et sœurs, suivant les héritiers avec lesquels ils concourraient.

Mais le Tribunat proposa de rejeter toute espèce de

réserve en faveur des frères et sœurs ; il ne pensa pas qu'il y eût là des motifs suffisants pour gêner la liberté de disposer. Cette opinion prévalut, et dans la séance du 24 germinal an XI, on rejeta définitivement la réserve des frères et sœurs, et les art. XXIII, XXIV et XXV du projet disparurent.

Cette réserve, qui a disparu du Code, avait quelque chose d'analogue aux réserves coutumières, en ce qu'elle ne pouvait s'exercer que sur les dispositions testamentaires. Reste à savoir pourquoi le mot *réserve* est devenu, dans le Code, le synonyme du mot *légitime* qui se trouvait dans le projet. Dans la rédaction présentée au Tribunat, on fixa directement la quotité disponible, le mot *légitime* disparut dans ces articles ; on supprima même l'art. XXIV du premier projet qui l'opposait au mot *réserve*. Mais dans l'art. XXX, § 2, du projet communiqué au Tribunat, on parlait de la réserve faite au profit des frères et sœurs ; et dans l'art. XXXI, on parla d'une manière générale de *ceux au profit desquels la loi fait une réserve*. L'art. XXX, § 2, disparut aussi dans la rédaction définitive, mais l'art. XXXI est devenu l'art. 921. D'un autre côté, le Tribunat, après avoir demandé la suppression des art. XXIII à XXV du projet, proposa un article, devenu l'art. 915, pour fixer le cas où les ascendants auraient droit aux biens dont on ne pouvait disposer à leur préjudice, et le paragraphe 2 disait qu'ils auraient droit *à cette réserve ;* depuis, les autres articles du Code qui ont parlé des biens non disponibles se sont toujours servis du même langage, et le mot est resté pour désigner ce qui portait autrefois le nom de légitime, quand les anciennes réserves ont complétement disparu.

L'exhérédation a donc disparu de notre droit, si ce n'est dans le cas de l'art. 727, mais alors c'est la loi elle-même qui la prononce. Les procès en fait sur les justes causes d'exhérédation étaient des causes fréquentes de scandale ; on a dû y couper court en rendant une portion de biens disponible, tandis que l'autre restait indisponible.

Quant aux motifs de cette nouvelle réserve, ils ne peuvent plus être ceux des réserves coutumières qui avaient pour but la conservation des biens dans les familles ; la discussion du Code ne nous fournit pas des lumières suffisantes pour voir quel a été le motif des rédacteurs du Code en l'admettant : le mot *dette* a été souvent prononcé ; on a aussi voulu la faire dépendre de l'obligation aux aliments. C'est un peu tout cela, et surtout l'idée que celui qui prive ses enfants ou ses ascendants de sa fortune, ne montre pas dans cet acte un consentement franc et complet ; qu'il a agi *ab irato* sous l'empire de mauvaises passions ou d'influences étrangères, puis, qu'il a été surpris par la mort : on ne peut dire quelle aurait été sa volonté véritable à ce moment.

Du reste, la réserve s'applique aussi bien aux donations qu'aux legs, parce qu'on ne pouvait pas laisser le moyen de frauder la loi en changeant la nature de la disposition.

La loi ne réserve qu'une partie de la succession. Nous verrons dans la section suivante les règles selon lesquelles il faut calculer la portion disponible sous le Code civil, pour arriver ensuite à la connaissance de la portion réservée.

§ II. — *A quel titre et comment s'opère la séparation des portions disponible et indisponible.*

Le principe qui doit dominer toute cette matière, est que la réserve est une portion de la succession ab intestat à laquelle on ne peut avoir droit que quand on est héritier.

Mais si l'on s'accorde à admettre ce principe posé en termes aussi généraux, de nombreuses controverses s'élèvent lorsqu'il s'agit d'en régler les applications.

La connaissance du système du Code à ce sujet dépendra de l'examen des questions suivantes :

1°. Faut-il calculer la réserve d'après le nombre des

personnes ayant la vocation d'héritiers au jour de la mort du *de cujus,* sans tenir compte des renonciations ni des indignités?

2°. L'héritier renonçant peut-il réclamer sa réserve?

3°. Peut-il, en renonçant, retenir sa réserve en même temps que la quotité disponible sur le don qui lui a été fait?

Nous avons vu que, dans l'ancien droit coutumier, pour avoir droit à la légitime, il fallait avoir au moins la capacité d'être héritier, qu'il fallait l'être réellement pour la réclamer. La loi du 17 nivôse an 11 (art. 21 et 42) prohibait d'une manière absolue le cumul des qualités d'héritier légitime et de légataire; et comme elle admettait une réserve pour tous les parents successibles (art. 16), il en résultait qu'elle admettait nécessairement que l'on dût être héritier pour avoir droit à cette réserve. La loi du 4 germinal an VIII ne paraît pas avoir changé ce système, et, n'y eût-il que ces arguments historiques, on devrait admettre qu'il en est de même sous le Code civil.

Mais, indépendamment de cela, la solution de la question, *si pour avoir droit à la réserve il faut être héritier,* se trouve dans les textes mêmes du Code civil.

La discussion n'a pas porté là-dessus; on s'est servi du mot *dette,* du mot *devoir,* pour exclure la réserve des frères et sœurs, mais on n'a nullement entendu discuter sur sa nature.

D'abord, les art. 913 et 915, ainsi que l'art. 16 de la loi de nivôse, ne fixent pas directement la part qui, dans la succession, sera réservée à chaque successible; ils le font d'une manière indirecte, en ne parlant que de la quotité dont il sera permis de disposer; donc ce qui reste, la portion disponible étant déduite, demeure dans la succession ab intestat.

Dans les art. 917, 918, 922, 930, 1004, 1006, 1009, 1011, on parle des *héritiers au profit desquels la loi fait* une réserve, *auxquels la loi réserve une quotité des biens*.

L'art. 924 se sert de l'expression *la portion qui lui appartiendrait*, COMME HÉRITIER, *dans les biens non disponibles*.

L'art. 1049, en parlant de la quotité disponible, la nomme les *biens qui ne sont pas réservés par la loi dans la succession*.

Enfin, lorsqu'une personne laisse des ascendants et des descendants, quoique les premiers soient aussi réservataires, ils ne peuvent rien réclamer tant qu'il y a des enfants, ce qui prouve encore que la qualité de réservataire est unie à celle d'héritier : sans cela ils auraient droit à la réserve, même en concurrence avec des descendants.

L'art. 921 ne dit pas que, pour exercer l'action, il faille être héritier; il dit *ceux au profit desquels*, etc. Il fut ainsi rédigé sur la proposition du Tribunat et un peu dans l'idée que la qualité d'héritier n'était pas indispensable pour demander la réduction des libéralités excessives; mais bien que, dans la discussion sur cet article, on ait pu induire de quelques paroles de M. de Maleville, que le légitimaire peut ne pas être héritier, cela ne pourrait rien faire à la question, car cet article a été rédigé surtout dans le but d'exclure les créanciers du défunt. D'ailleurs, l'art. 930 dit précisément le contraire, et dans l'exposé des motifs sur l'art. 921, M. Bigot-Préameneu présenta l'exercice de l'action comme une conséquence du droit à la réserve qui appartenait aux seuls héritiers.

De tout cela il résulte que, pour avoir droit à la réserve, il faut avoir droit à la succession ab intestat, c'est-à-dire avoir la vocation au jour de la mort : donc celui qui est mort civilement, celui qui n'est pas né viable, celui qui n'est pas conçu, ne peuvent avoir droit à aucune réserve (725), parce qu'ils n'ont pas de vocation.

' Par conséquent, si l'enfant ou l'ascendant mort civilement ne peut prendre part dans la réserve, ne serait-il pas bien étrange que sa présence, qui ne peut lui profiter, nuisit aux donataires ou aux légataires? Pour aller jusque-là, on peut citer le texte de l'art. 913, qui se sert des mots *laisse des enfants*, que l'on peut traduire par *laisse des enfants vivants naturellement*.

Nous répondrons, qu'en matière de succession, le mot *laisser* veut dire *laisser des héritiers*, et la preuve se tire des art. 757 et 758; dans l'art. 757, la loi, en parlant du droit des enfants naturels, se sert des mots *laisse des descendants, des ascendants*, etc. Qui soutiendrait que cela signifie *des descendants vivants*, bien que ceux-ci soient incapables, renonçants ou indignes, et que, dans ce cas, l'enfant naturel, contre le fisc même, n'aura que la portion qu'il aurait eue contre eux? Tout le monde tombe d'accord que *laisser* signifie, dans l'art. 757, *laisser des descendants héritiers :* s'il a ce sens raisonnable dans l'art. 757, pourquoi le lui refuser dans l'art. 913 ? On n'en voit pas le motif.

D'où l'on peut conclure que, pour avoir droit à la réserve, il faut être héritier, et que les renonçants et les indignes, qui perdent la qualité d'héritier, ne peuvent rien demander dans la réserve qui est une partie de la succession.

Mais s'ils n'y prennent pas part, doivent-ils au moins compter pour le calcul de la réserve au profit de ceux qui restent, sans en profiter eux-mêmes? La question est controversée.

Il faut d'abord faire une distinction entre la dévolution et l'accroissement. Lorsque les renonciations ou les indignités donnent lieu à la dévolution à un autre ordre d'héritiers, on ne compte plus ni indignes ni renonçants : ainsi, un homme a trois enfants; tous les trois renoncent ou sont indignes : l'ordre des ascendants étant appelé, ce sera d'après leur nombre que le taux de la réserve sera calculé. Personne ne pourra argumenter ici du mot *laisse* de l'art. 913, pour dire qu'on calculera d'après le nombre des enfants existants ; autrement il faudrait dire que, lorsqu'il y a des

4.

enfants, la réserve passerait aux collatéraux et même au fisc, ce qui est inadmissible.

La question ne se présente donc que quand l'indignité ou la renonciation de quelques-uns des héritiers n'empêche pas la succession de rester dans le même ordre, et seulement quand on arrive à avoir moins de trois enfants acceptants; car, tant qu'il y en a trois, il est indifférent que les autres acceptent ou renoncent, la quotité disponible étant alors toujours la même.

Pour soutenir que les renonçants et les indignes doivent compter, on dit que la loi, en fixant à un certain taux la quotité disponible, le fait d'après le nombre des enfants existants comme héritiers au jour du décès ; que la portion indisponible est assurée collectivement à tous les héritiers, et que, du moment où quelques-uns renoncent ou sont déclarés indignes, comme ils sont censés n'avoir jamais été héritiers, la part qu'ils auraient eue accroîtrait à leurs cohéritiers pour le tout, sans distinguer la partie des biens qui se trouve dans la succession au jour de l'ouverture, et celle qui revient par suite de la réduction des libéralités, art. 786. On ajoute, que faire dépendre ainsi la fixation de la réserve d'une circonstance éventuelle, serait aller contre l'intérêt des tiers qui demande que la réserve soit fixée une fois pour toutes. Enfin, on apporte l'art. 913, qui, en parlant d'enfants et d'ascendants, entend bien qu'ils aient qualité au jour du décès; mais vouloir qu'on se porte effectivement héritier, c'est ajouter à son texte une condition qui ne s'y trouve pas. TOULLIER, V. 109. ZACHARIÆ, § 689, 1° et note 4; *Rejet,* 18 février 1818; Caen, 16 février 1826 et 25 juillet 1837.

Nous répondons à cela par l'art. 913 lui-même : Si les mots *laisser des enfants* ne veulent pas dire laisser des enfants qui soient définitivement héritiers par leur acceptation, ils signifient laisser des enfants qui ne sont pas héritiers; et si l'enfant qui renonce doit être compté, bien qu'étant censé n'avoir jamais été héritier, il faut aussi compter ceux qui réellement n'ont jamais été héritiers, car tous se trouvent maintenant sur la même ligne : donc les morts civilement devront compter, ce que certainement personne n'admettra. Il faudrait même dire, si l'on veut régler d'une manière différente la succession à la réserve et celle à la quotité disponible, que, dès que l'existence d'enfants capables de venir à la succession a fixé la réserve, elle ne pourra plus sortir de la succession ab intestat ; que les collatéraux et le fisc viendront la prendre par droit de dévolution, aux termes de l'art. 786 lui-même, résultat contredit formellement par l'art. 1006, quant au legs universel.

De plus, l'accroissement n'est qu'une conséquence de ce que le renonçant est censé n'avoir jamais été héritier : sa part accroît aux autres, parce que les choses se passent absolument comme s'il n'existait pas, parce qu'ils sont moins à partager la même masse. S'il en est ainsi pour la succession, quand il n'y a pas lieu à la réduction, pourquoi changer la règle quand cette circonstance se présente ? Ajoutons que l'ancien droit ne comptait pas celui dont la renonciation était entièrement gratuite, parce qu'il devenait étranger à la succession, et que, si l'on comptait celui qui tirait profit de sa renonciation, soit en en recevant le prix, soit parce qu'il avait reçu des libéralités, c'était parce qu'on présumait que, s'il n'avait pas tiré ce profit, il serait venu à la succession (*voir* ci-dessus, page 39) : bien plus, la fille religieuse, même dotée, ne comptait pas, parce que, dit Pothier, *ce n'est pas la dot qu'elle a reçue, mais sa profession qui l'exclut de la succession ;* et dans son commentaire sur l'Édit des secondes noces (*Traité du Contrat de mariage*, n° 534), il dit encore que les enfants de la femme qui se remarie, et qui sont inhabiles à succéder, ne seront pas comptés, et que la mère n'est pas censée comprise dans la défense de l'Édit. Nous venons de voir quel est le sens du mot *laisser*, c'est celui des art. 757 et 758, et de plusieurs autres qui doivent être entendus des héritiers venant réellement à la succession.

Quant à l'intérêt des tiers, il est peu probable que le Code, qui les a si souvent sacrifiés, ait pu penser ici à eux sans en dire un mot; et d'ailleurs, cet argument porte à faux, car ils sont intéressés à ce que le nombre de ceux qui compteront pour calculer la réserve diminue, car alors la quotité disponible augmente, et ils auront plus de chances pour qu'on ne vienne pas s'adresser à eux.

Enfin, comme la masse partageable ne doit appartenir qu'à ceux des héritiers qui acceptent, il ne serait guère rationnel de commencer par la calculer pour un plus grand nombre d'enfants : telle est l'opinion qui nous paraît devoir être admise. LAGRANGE, *Dissertation. Revue de droit français et étranger*, I, p. 127 et suiv. MARCADÉ, *Sur l'art.* 914, t. III, p. 552 et suiv.

Quelle que soit, du reste, la solution que l'on admette, une seconde question s'élève. Le renonçant n'a droit à demander aucune réserve : mais, s'il est donataire ou légataire, nanti de l'objet donné ou légué, pourra-t-il garder, par voie d'exception, *cumuler* (pour se servir du mot reçu) la quotité disponible avec la part qui lui appartiendrait dans la réserve?

La question, ainsi que nous l'avons vu, ne faisait pas de doute dans le sens de l'affirmative, soit dans les pays de droit écrit, soit dans les pays de coutumes ; nous en avons vu le motif. La loi de nivôse an II, au contraire, prohibait tout cumul (art. 21 et 42).

Pour soutenir le cumul, on s'appuie d'abord sur l'art. 921, duquel il résulte que les créanciers et les légataires n'ont pas droit aux retranchements opérés sur les donations excessives. Ils ne peuvent demander la réduction ni en profiter, pas plus que le rapport ; donc les biens ne rentrent pas dans la succession : l'héritier qui intente la demande en réduc·tion, le fait *jure sanguinis*, car ce n'est pas comme héritier

que l'on demande quelque chose qui n'est pas de l'hérédité ; et ces biens que l'on demande ne sont pas de l'hérédité,
puisque les créanciers n'y ont aucun droit.

Quelles qu'aient été les paroles prononcées lors de la rédaction de cet article, et les observations du Tribunat,
son texte, au moins ambigu sous ce rapport, ne peut con-
tre-balancer les nombreux textes du Code, d'où nous avons
fait résulter la nécessité d'être héritier pour avoir droit à
la réserve. Mais si l'histoire de la rédaction de l'art. 921
prouve que l'on a voulu suivre le système des pays de droit
écrit, il faut le suivre jusqu'au bout ; et, pour être conséquent, il faut admettre que, non-seulement l'héritier peut
retenir la réserve sur le don qui lui a été fait, mais aussi
qu'il peut la demander lorsqu'il n'en est pas nanti. De
plus, ce raisonnement est incomplet : l'art. 921 ne prouve
pas que les biens ne rentrent pas dans la succession d'une
manière absolue, il ne le prouve qu'à l'égard des créanciers
de ladite succession ; mais, quant aux héritiers, ils y rentrent,
puisqu'ils seront partagés entre eux comme biens héréditaires. Le but de l'article résulte clairement des observations présentées par Tronchet qui le fit adopter dans la
séance du 24 germinal an XI : après avoir décidé, dans
l'art. 857, que le rapport ne profitait qu'aux héritiers et
non aux créanciers, on n'a pas voulu donner une solution
opposée en matière de réserve, d'autant plus que c'était
le meilleur moyen de faire qu'elle ne fût pas une fiction
pour les réservataires, car c'eût été la créer au profit des
créanciers, tandis que la réserve a pour but de mettre l'enfant à l'abri des dissipations du père. C'est là tout ce qu'a
voulu dire l'art. 921, refuser l'action en retranchement
aux légataires et aux créanciers ; et c'est forcer ses termes
que de le faire intervenir dans la question de savoir si, pour
avoir droit à la réserve, il faut être héritier.

Observons encore que l'historique que l'on fait de la rédaction de l'article n'est pas complet ; car l'art. 921

(xxxi du projet présenté au Tribunat) était l'art. xxii du projet primitif, et cet art. xxii adopté, sauf rédaction, malgré une discussion qui semble en sens contraire, dans la séance du 12 ventôse an xi, disait dans son paragraphe 1, que la réduction *ne peut être demandée que par ceux des héritiers venants à succession.* Dans la rédaction présentée au Tribunat, on changea ces mots pour *ceux au profit desquels la loi fait une réserve;* mais il ne paraît pas, par les procès-verbaux, que l'on ait eu l'intention de rien changer à la rédaction primitive, les observations du Tribunat n'ayant été, d'ailleurs, que l'expression de son opinion, et non pas le motif qui a fait admettre l'article.

On a argumenté, en second lieu, de l'art. 924, ainsi conçu : « Si la donation entre-vifs réductible a été faite à » l'un des successibles, il pourra retenir, sur les biens » donnés, la valeur de la portion qui lui appartiendrait, » comme héritier, dans les biens non disponibles, s'ils sont » de même nature. » Si ces derniers mots, *s'ils sont de même nature,* ne se trouvaient pas dans l'article, il faudrait l'entendre dans le sens que l'on peut cumuler la quotité disponible avec la réserve; car il y a là une donation faite à un successible, qui pourra retenir, sur les biens donnés, la portion qui lui appartiendrait comme héritier.... L'article paraît être formel pour résoudre la question par l'affirmative.

Mais ce n'est pas là l'hypothèse de l'art. 924 : il ne suppose pas un héritier renonçant, qui, en renonçant, demande à garder, et la quotité disponible, et sa part dans la réserve ; rien n'indique que ce soit là ce dont il s'agit, et les mots de la fin, *s'ils sont de même nature,* montrent que tel n'est pas le sens de la loi. L'art. xxxiv du projet communiqué au Tribunat ne les contenait pas. On aurait pu en conclure que le successible donataire pouvait retenir sa part dans la réserve sur les biens donnés, même en renonçant ; mais le Tribunat demanda cette addition pour établir une concordance entre cet article et les art. 844 et 859, qui veulent le rapport en nature, pour que l'un des héritiers n'ait pas tous les immeubles, tandis que les autres seraient réduits à de simples sommes d'argent. Si l'art. 924 voulait dire ce qu'on lui fait dire, ces mots n'auraient aucun sens, car il serait bizarre que la question de ce droit de rétention fût soumise à une pareille condition. Si le défunt avait fait des donations excessives à deux enfants, que l'un d'eux eût reçu des biens de même nature que ceux qui sont dans la succession, et que l'autre en eût reçu d'une nature différente, le premier exercerait la rétention pour sa réserve, et le second ne l'exercerait pas, à raison seulement de la différence de nature des biens; on ne pourrait donner une semblable décision. Il ne s'agit donc là que d'une question de partage; l'imputation de la quotité disponible se fera, suivant les cas, en nature, ou en moins prenant, ainsi que le rapport, art. 859 et suivants.

A cela on répond par l'art. 845, qui dit, en effet, que « l'héritier qui renonce à la succession, peut cependant » retenir le don entre-vifs, ou réclamer le legs à lui fait, » jusqu'à concurrence de la portion disponible; » et l'on ajoute que, *de sa combinaison avec l'art. 919, résulte le droit de retenir sa part de la réserve. Cass.,* 17 mai 1843.

Un premier motif de douter se trouve dans la comparaison de l'art. 845 avec l'art. 307 de la coutume de Paris : cet article permettait au donataire de retenir *son don,* en réservant la légitime aux héritiers; l'art. 845 ne permet de retenir que *la quotité disponible.* Pour permettre de retenir la réserve, il faut donc faire une addition à l'art. 845, et pour cela on s'appuie sur l'art. 919. Ce mode d'argumentation n'a qu'un inconvénient, mais il est grave : c'est de compléter l'une par l'autre deux dispositions de loi faites pour des cas entièrement différents. Dans l'art. 845, il est question d'une donation faite à un successible qui renonce; dans l'art. 919, d'une libéralité faite à un successible qui accepte : on ne voit pas trop le rapport qui existe entre ces deux hypothèses. De plus, l'art. 919, qui permet le cumul quand la portion disponible a été donnée *à titre de préciput,* ne le permet qu'au cas où le donataire viendrait à la succession : donc, s'il ne vient pas, il ne pourra pas cumuler ; et, s'il en est ainsi quand le don est fait à titre de préciput, à plus forte raison doit-il en être de même quand c'est un simple avancement d'hoirie. Enfin les art. 913 et 915, qui fixent la réserve, ne reçoivent d'exception, à raison de la qualité des donataires, que dans les art. 1094 et 1098, en faveur de l'époux : il est parfaitement arbitraire de chercher une nouvelle extension de disponible, en faveur du successible, dans un article qui traite une question tout à fait étrangère.

Ajoutons que le Code civil, lorsqu'il a admis les avantages en faveur des successibles, a détruit la raison d'être de l'article 307 de la coutume de Paris, qui avait eu pour but de rendre ces avantages possibles ; que la loi de nivôse avait prohibé toute espèce d'avantage aux successibles, en même temps que toute espèce de cumul (art. 8, 9, 21) était prohibée en termes exprès. L'héritier, même en renonçant, ne pouvait retenir le don qui lui avait été fait ; les rédacteurs du Code ont permis ce droit de rétention dans l'art. 845, et dans l'art. 919 ils ont permis les dons par préciput. Comment supposer qu'ils n'eussent rien dit de positif s'ils avaient voulu aller jusqu'à permettre le cumul à l'héritier qui renonce ? Il faudrait un texte formel pour l'admettre, et ce texte n'existe nulle part.

Ce serait blesser la justice en dépassant les bornes permises de la faveur ; car si l'on accorde sur les biens donnés la réserve légale avec la portion disponible au donataire qui renonce à la succession, ce serait faire jouir des mêmes avantages le successible qui répudie les charges de l'hérédité, et celui qui les accepte ; et, par suite, blesser quelques-uns des principes qui régissent la matière des successions, et spécialement, celle des engagements des héritiers : ce serait certainement aller contre la volonté du donateur. C'est déjà beaucoup d'avoir écrit l'art. 845 tel qu'il est : on pouvait donner cette quotité à un étranger qui ne venait pas à la succession ; il n'eût pas été juste qu'un successible, parce qu'il voulait être étranger, ne fût pas dans la même position : mais on ne doit rien accorder de plus.

Enfin la réserve du Code civil n'est plus la légitime d'autrefois : les coutumes fixaient la part que devait avoir chaque légitimaire (Paris, 298), de sorte que peu importait à chacun ce qu'il adviendrait de la légitime des autres ; tandis que, sous le Code, la succession se partage en deux masses qui ne peuvent empiéter l'une sur l'autre. Puis, la réserve est une portion de la succession : pour pouvoir demander la succession, il faut être héritier, et l'on ne voit pas de raison suffisante pour permettre de ne pas être héritier, afin de garder une portion de la succession que l'on détient.

La négative avait été admise par la Cour de Cassation, dans un arrêt célèbre du 18 février 1818, connu sous le nom d'*arrêt Laroque de Mons* ; et, en général, cette doctrine avait été suivie par les cours royales et les auteurs. Mais deux arrêts récents de cassation, l'un du 17 mai 1843, l'autre du 21 juillet 1846, et un de rejet du 6 avril 1847, ont décidé en sens inverse. Depuis cette époque, les divers tribunaux ont eu à se prononcer sur la question, et ils sont divisés d'opinion. Ces dissentiments sur des questions aussi graves sont d'autant plus regrettables, que tout le monde y est intéressé. Nous persistons à penser que l'opinion qui prohibe le cumul est préférable, et c'est encore l'avis de beaucoup de personnes.

Voir pour la négative : Zacharlæ, § 682, note 2, où se trouvent indiqués les auteurs dans les deux sens, et les arrêts antérieurs à 1843. *Article de* M. Valette, *dans* le

Droit *du* 17 décembre 1845. Rouen, 3 ou 10 mars 1844. Trib. civ. de Nyons, 10 janvier 1844, jugement fort bien motivé, et confirmé par arrêt de Grenoble, du 4 août 1845. Orléans, 5 décembre 1842 ; Caen, 4 août 1845 Dijon, 20 décembre 1845.

Pour l'affirmative : Montpellier, 14 mai 1845 (ne s'est même pas donné la peine de discuter la question, *cela est constant en droit et ne peut pas faire l'objet d'un doute*); Lyon, 13 juin 1844; Toulouse, 9 août 1845 ; Trib. de Figeac, 4 décembre 1845; Paris, 3 février 1846.

Si l'un des héritiers est absent au jour de l'ouverture de la succession, il ne sera pas compté dans les calculs de la réserve, aux termes de l'art. 136. S'il a des enfants, ses enfants le représenteront. MERLIN, *Rép.*, v° *Réserve*, sect. I, § 1, n° 18.

En résumé : Pour avoir droit à une réserve, il faut être héritier venant réellement à la succession ;

Pour pouvoir figurer dans les calculs relatifs à la réserve, il faut être héritier.

SECTION TROISIÈME.

DU CALCUL DE LA QUOTITÉ DISPONIBLE.

La quotité disponible varie suivant trois événements :

1°. Suivant que le *de cujus* laisse des ascendants ou des descendants;

2°. Suivant qu'il a fait des libéralités à son conjoint ou à d'autres personnes;

3°. Suivant qu'il est majeur ou mineur.

§ I. — *De la quotité disponible, lorsqu'il y a des descendants ou des ascendants.*

La loi ne reconnaît pas d'autres héritiers à réserve que ces deux ordres. « Art. 916. A défaut d'ascendants et de descen- » dants, les libéralités par actes entre-vifs ou testamen-

» taires pourront épuiser la totalité des biens. » Ainsi les frères et sœurs qui, dans la succession ab intestat, sont préférés aux ascendants, n'ont droit à aucune réserve. Nous allons parler d'abord de la réserve des descendants; ensuite de celle des ascendants.

Art. I. — *Réserve des descendants.*

« Art. 913. Les libéralités, soit par acte entre-vifs, soit
» par testament, ne pourront excéder la moitié des biens
» du disposant, s'il ne laisse à son décès qu'un enfant légi-
» time; le tiers, s'il laisse deux enfants; le quart, s'il en
» laisse trois ou un plus grand nombre. »

C'est suivant le nombre des enfants légitimes que l'on fait le calcul: comme les enfants légitimés ont les mêmes droits que les légitimes, on devra aussi les compter, art. 333.

Les enfants adoptifs ont aussi une réserve. Le dernier état du Droit romain ne leur accordait qu'un droit à la succession ab intestat du père adoptant, et non à la plainte d'inofficiosité. Le Code civil n'a pas admis cette idée; et l'art. 350, en disant que l'enfant adoptif acquiert, sur les biens de l'adoptant, les mêmes droits que ceux qu'aurait un enfant né en mariage, montre bien qu'il a droit à une réserve.

On a cependant voulu faire des distinctions: du mot *succession*, qui se trouve dans l'art. 350, M. Delvincourt a tiré la conséquence, que l'adopté ne peut exercer sa réserve sur les biens dont il a été disposé par donation entre-vifs, ou par institution contractuelle, parce que ces biens ne font pas partie de la succession. Mais, s'il en était ainsi, il faudrait lui refuser la réserve sur les biens légués, car ils ne font pas plus partie de la succession que les biens donnés; on arriverait ainsi à l'exclure de toute réserve, ce qui n'est pas admissible: de plus, d'après l'art. 922, les biens donnés, rentrant au moins fictivement, dans la succession, l'enfant adoptif aura un droit sur toute la succession, telle qu'elle existe à ce moment.

D'autres auteurs, entre autres M. Toullier (II. 1011), ont voulu faire une distinction entre les donations antérieures et celles postérieures à l'adoption, et admettre que la réserve s'exercerait contre les dernières et non contre les premières. Ces auteurs ne veulent pas que l'adoptant, par un fait potestatif, puisse révoquer les libéralités qu'il a faites. Mais il y a là une confusion : sans doute le fait de l'adoption ne révoque pas les donations entre-vifs ; ce n'est pas une survenance d'enfant, telle que l'entend l'art. 960 : puis la donation n'est pas détruite en faveur de l'enfant qui cause la révocation ; elle l'est en faveur du père ou de la mère donateur pour lequel la naissance de l'enfant n'est qu'une occasion d'exercer le droit, 964 : la loi ne parlant, dans l'art. 960, que de l'enfant légitime ou légitimé, cela suffit pour exclure l'enfant adoptif. Mais, de ce que celui-ci ne révoque pas une donation faite, il ne s'ensuit pas qu'il n'ait pas droit à une réserve, car c'est tout autre chose : toute donation entre-vifs renferme en soi cette condition, qu'elle ne nuira pas aux héritiers à réserve du donateur, qu'ils existent maintenant ou plus tard. Enfin il est faux de dire que l'adoption soit un fait potestatif, car il y a des conditions dont la réunion est assez difficile pour que l'on puisse dire le contraire. *Rejet,* 9 juin 1825.

L'enfant né d'un mariage putatif aura aussi droit à une réserve sur les biens de celui de ses père et mère qui aura été de bonne foi ; 201, 202.

La loi de germinal an VIII ne permettait jamais que le donataire ou légataire eût plus qu'un enfant : d'après l'art. 913, cela est vrai jusqu'à trois ; au delà, la portion disponible ne diminuant pas, il pourra avoir plus que les enfants eux-mêmes.

' « Art. 914. Sont compris dans l'article précédent, sous
» le nom d'*enfants,* les descendants en quelque degré que

» ce soit ; néanmoins ils ne sont comptés que pour l'enfant
» qu'ils représentent dans la succession du disposant. »

Que les petits-enfants viennent de leur chef ou par représentation, il y a toujours lieu à une réserve : le calcul
seul donne lieu à une difficulté quand ils ne viennent pas
par représentation. Quand il y a représentation, les intérêts des enfants se trouvent fixés par souche.

Mais si les enfants sont indignes ou renonçants, et que,
par suite, le degré suivant soit appelé en nombre plus considérable (il y avait deux enfants, leur renonciation fait
arriver cinq petits-enfants), quel sera leur droit, puisqu'il
n'y a pas lieu à la représentation ? faudra-t-il compter par
tête ? Au premier abord, l'art. 914 semble décider en ce
sens, car les mots *qu'ils représentent* semblent vouloir dire
que c'est dans le seul cas de la représentation que l'on
comptera par souches, et qu'en dehors on comptera par
têtes ; mais on ne voit pas pourquoi il en serait ainsi : les
premiers mots de l'article indiquent, en effet, que c'est une
définition applicable à l'article précédent ; il faudrait, pour
être conséquent, dire que les petits-enfants n'auront droit
à la réserve que quand ils viendront par représentation, ce
qui est inadmissible : aussi tombe-t-on d'accord que le mot
représenter, dans l'art. 914, doit s'entendre, non dans son
sens spécial quand il s'applique aux petits-enfants nés d'un
enfant prédécédé, mais dans un sens plus général, que les
petits-enfants ne seront comptés que pour l'enfant dont ils
sont issus, de sorte que l'on comptera toujours par souche.

ART. II. — *Réserve des enfants naturels.*

1. *Les enfants naturels ont-ils droit à une réserve ?*

M. Chabot (*Comm. sur l'art.* 756, n° 19) a soutenu la
négative, en s'appuyant sur ce que les art. 756 et 757, qui
fixent le droit des enfants naturels à la succession de leurs
père et mère, ne parlent que de la succession ab intestat,

et sont dans le titre consacré spécialement à ce genre de succession ; que, quand il n'y a pas de succession ab intestat, ce qui peut avoir lieu quand le père a disposé par testament ou par donation, le droit de l'enfant naturel s'évanouit ; que, de plus, sa réserve n'est fixée par aucune loi, puisque les art. 913, 914, 915, 916, ne peuvent s'entendre que des parents légitimes, qu'on ne pourrait étendre ces dispositions limitatives. Rouen, 31 juillet 1820.

A cela les auteurs et la jurisprudence sont unanimes pour répondre que l'art. 757 fixe le droit de l'enfant naturel à une quotité du droit de l'enfant légitime, mais qu'il n'en change nullement la nature ; que d'ailleurs l'art. 761 nous montre bien clairement que le père ne peut jamais, même par donation entre-vifs, réduire son enfant à une portion moindre que la moitié de ce qui lui reviendrait d'après l'art. 757 ; qu'il en résulte évidemment que, s'il ne peut pas réduire son droit au néant, il ne le peut pas plus directement qu'indirectement, en donnant ou léguant sa fortune à d'autres, sans le déshériter nominativement.

Dans le temps que l'on discutait la question, des personnes admettaient la réserve avec une distinction, et disaient que l'enfant naturel exercerait son droit contre les légataires, mais non contre les donataires : ce système s'appuyait sur l'expression *biens des père et mère décédés*, qui se trouve dans l'art. 756, que l'on entendait comme signifiant *les biens possédés par leurs père et mère au jour de leur décès*. C'est appuyer sur un bien faible argument une décision singulière ; car les biens légués ne font pas plus partie de la succession que les biens donnés, et, si l'on accorde une réserve sur les uns, il n'y a pas de raison de ne pas l'accorder sur les autres. De plus, le mot *décédés* de l'art. 756 n'a pas le sens qu'on lui attache ; les termes de cet article sont la conséquence du langage que les rédacteurs du Code ont suivi dans le commencement de l'article.

Après avoir dit que *l'enfant naturel n'est pas héritier*, on a préféré employer les mots *les biens,* au lieu de ceux *la succession;* et le mot *décédés* n'a eu pour but que d'indiquer, un peu inutilement il est vrai, le moment où ce droit s'exerce, et il signifie *après leur décès.* Cette opinion a encore été abandonnée.

Enfin, on avait proposé de distinguer entre les donations antérieures et celles postérieures à la reconnaissance de l'enfant naturel, la réserve devant s'exercer sur les premières et non sur les autres; mais la réserve de l'enfant naturel, ainsi que son droit héréditaire, étant une quotité du droit de l'enfant légitime, il doit pouvoir l'exercer de la même manière. L'enfant légitime agirait contre toutes les donations sans distinction; il doit donc en être de même pour l'enfant naturel, puisque sa reconnaissance n'est qu'un fait déclaratif dont les effets remontent au jour où il est né.

2. *Quelle est la quotité de la réserve des enfants naturels?*

Une première opinion, qui n'est pas soutenable, fixait la quotité de la réserve au taux même de la part que l'enfant naturel aurait obtenue ab intestat, toutes les fois que le père ne l'aurait pas réduite en usant du droit de l'art. 761 : le Code, dit-on, n'ayant parlé des enfants naturels que dans les art. 756 et suiv., a voulu indiquer que, dans aucun cas, ils n'auraient ni plus ni moins. Mais ce système produit une conséquence absurde : il y a un cas où le droit de l'enfant naturel est de la totalité de la succession, quand le défunt n'a pas de parents au degré successible; il est des trois quarts quand il y a des collatéraux. La réserve d'un enfant naturel serait, dans ces cas-là, supérieure même à celle d'un enfant légitime, qui n'a jamais que la moitié des biens pour réserve; on ne peut aller jusque-là.

Le seul système réellement admissible est celui qui procède ainsi : l'enfant naturel doit être traité proportionnellement comme l'enfant légitime ; son droit ab intestat est une quotité du droit ab intestat qu'il aurait eu s'il eût été légitime : donc sa réserve doit être une quotité semblable de la réserve qu'il aurait eue s'il eût été légitime. C'est donc suivant les dispositions des art. 757 et 758 que la réserve de l'enfant naturel devra être calculée au tiers, à la moitié, aux trois quarts ou à la totalité de celle qu'il aurait eue s'il eût été légitime.

Supposons une fortune de 48 000 francs : le disposant a fait Primus son légataire universel ; il laisse un enfant naturel et un enfant légitime : l'enfant naturel aura un tiers du tiers qui lui eût été réservé s'il eût été légitime, soit

$$\frac{16000}{3} = 5333^f,33.$$

L'enfant naturel, en concours avec deux enfants légitimes, aura un tiers du quart qui lui eût été réservé s'il eût été légitime ; soit ici 4 000 francs, et ainsi de suite.

Enfin, lorsqu'il y a plusieurs enfants naturels en concours avec un ou plusieurs enfants légitimes, quel que soit d'ailleurs le système que l'on suive pour calculer leur part ab intestat, la réserve de l'enfant naturel sera, à l'égard de celle de l'enfant légitime, dans le même rapport que sont respectivement leurs parts ab intestat.

Quand les enfants naturels concourent avec les ascendants, leur droit est égal à la moitié de ce qu'ils auraient eu s'ils eussent été légitimes, c'est-à-dire à la moitié de la succession. Lorsqu'il s'agit de la réserve, un seul enfant naturel aura droit à une moitié de cette moitié, c'est-à-dire à un quart. S'il y a deux enfants naturels, chacun aura une moitié du tiers qui lui serait revenu s'il eût été légitime ; sa réserve eût été d'un tiers, il aura donc un sixième. S'il y en a trois ou plus, chacun d'eux aura la moitié de ce qu'il aurait eu, s'il eût été légitime, dans les trois quarts de la succession, la quotité disponible étant fixée invariablement au quart.

Il n'y a d'héritiers à réserve que les descendants et les

ascendants : les collatéraux n'ont aucun droit de cette nature. Une personne institue Primus son légataire universel; elle n'a ni enfants légitimes ni ascendants, mais des frères et des sœurs et un enfant naturel : le droit de cet enfant naturel, en concours avec un légataire universel, se calculera-t-il par une formule fondée sur la qualité de frères, sœurs, ou autres collatéraux qui sont écartés de la succession? ou bien va-t-on dire que, dès que la famille est écartée par un légataire universel, c'est comme si elle n'existait pas; et alors faut-il calculer le droit de l'enfant naturel comme quand il n'est en concours avec aucun parent au degré successible ?

Beaucoup d'auteurs admettent la première opinion, en se fondant d'abord sur les expressions de l'art. 757, qui parle de *laisser des enfants légitimes..., des ascendants..., des collatéraux.* On dit ensuite qu'en instituant un légataire universel, le défunt lui a transféré tout ce que ses frères, sœurs et autres parents auraient recueilli; qu'il est subrogé à leurs droits : on ajoute qu'il résulte de la combinaison des art. 757 et 908 qu'il ne peut pas en être autrement, car c'est dans l'intérêt de la morale que l'on a établi l'incapacité de l'enfant naturel de pouvoir recueillir au delà d'une certaine portion, et nullement dans l'intérêt de ceux auxquels une quotité des biens se trouve ainsi réservée. *Voir* Toullier, IV. 266. Merlin, *Rép.,* v° *Réserve,* sect. IV, n° 11. Malpel, n° 161. Belost-Jolimont, *sur* Chabot, *Obs.* 8 *sur l'art.* 756. *Rejet,* 15 mars 1847.

A l'argument tiré de la subrogation du légataire universel aux droits des héritiers collatéraux, nous répondons qu'il n'est pas exact de dire qu'il prend leur place, puisqu'il n'entre pas dans la famille légitime; et que, s'il recueille les droits qu'ils auraient eus, ce n'est pas au même titre. De plus, pour être subrogé à un droit, il faut que ce droit existe, et ici celui aux droits duquel on subrogerait se trouve précisément dépouillé, par la volonté expresse du défunt, de ce même droit qui ne lui est accordé, quand il n'y a pas de testament, que par une présomption.

Quant à l'argument que l'on tire du mot *laisser* qui se trouve dans l'art. 757, nous y avons répondu quand nous avons vu que les indignes et les renonçants ne doivent pas compter pour le calcul de la réserve.

Enfin à l'argument tiré de l'art. 908, on peut répondre en disant que la loi a introduit cette prohibition aussi bien dans l'intérêt de la famille que dans celui de l'ordre public ; car, si c'était ce dernier intérêt qui prédominât, l'enfant naturel, arrivant par suite de la renonciation des collatéraux, ne pourrait jamais avoir la totalité de la succession, résultat contredit par l'art. 758 : or, s'il peut, dans la succession ab intestat, avoir tous les droits de l'enfant légitime, on ne voit pas pourquoi il ne pourrait pas les avoir, quant à la réserve, qui est une portion de cette succession ab intestat, lorsque ceux qui y auraient eu droit se trouvent écartés péremptoirement (CHABOT, *Sur l'art.* 756, n° 29). Et s'il est vrai que, pour figurer dans les calculs relatifs à la réserve des enfants légitimes, il faut être héritier venant à la succession, on ne voit pas pourquoi il n'en serait pas de même ici.

3. *A quel titre s'opère la séparation de la réserve des enfants naturels de la masse de la succession ?*

Pour fixer la quotité de la réserve des enfants naturels, nous nous sommes toujours appuyés sur ce que son droit ab intestat est une portion du droit qu'il aurait eu s'il eût été légitime. Il n'exercera donc que pour partie le droit d'un enfant légitime, mais ce sera aux mêmes conditions : il faudra qu'il accepte la succession.

Sa réserve n'est donc pas une charge de l'hérédité. On avait proposé, dans le projet de l'art. 756, de déclarer l'enfant naturel *créancier;* mais on fit observer que l'art. 757 parlait de droits à une hérédité, et que cela pourrait paraître contradictoire. Cambacérès ajouta que l'*on devait se borner à déclarer que les enfants naturels n'étaient pas héritiers, mais que la loi devait leur accorder des droits sur les biens de leurs père et mère.* Ce fut sur ces observations que l'article fut rédigé tel qu'il est dans le Code, et les discours des différents orateurs ne sont que le développement de cette idée un peu subtile, que *les enfants naturels ne sont pas héritiers,* mais qu'on leur accorde des droits. Il est même probable que l'article n'a été rédigé ainsi, que pour montrer que l'on a voulu adopter un système contraire à celui des lois de la Révolution, qui mettaient l'enfant naturel sur la même ligne que l'enfant légitime (1).

Si le droit de l'enfant naturel était une simple créance, il pourrait la réclamer en qualité de créancier, même en renonçant; et, venant en cette qualité, si la succession était insolvable, il recevrait un dividende ainsi que les autres créanciers : il serait ainsi dans une position plus favorable que celle des enfants légitimes qui ne peuvent demander la réserve qu'en acceptant la succession.

De plus, on ne voit pas pourquoi ce serait sa réserve que l'enfant naturel demanderait en qualité de créancier plutôt que sa part héréditaire; le Code nous présentant toujours la réserve comme une portion de la succession ab intestat, tout ce que l'on dira pour prouver que la réserve de l'enfant

---

(1) « Nous avons dû mettre un terme à une espèce de réaction qui tendait à couvrir les enfants naturels d'une faveur qui ne leur est pas due.

» Ils ne partageront pas avec les enfants légitimes le titre d'héritier; » leurs droits sont réglés avec sagesse, plus étendus quand leur père ne » laisse que des collatéraux, plus restreints quand il laisse des enfants lé- » gitimes, des frères ou des ascendants. » *Exposé des motifs,* par M. Bigot-Préameneu.

« Le Code ne les placera pas, comme les lois trop peu morales du 4 juin » 1793 et du 12 brumaire an 11, à côté des enfants nés d'une union respec- » table, et sanctionnée par toutes les lois domestiques, publiques et reli- » gieuses; il ne les honorera pas du titre d'héritiers, il ne leur accordera » que des droits.... » *Discours prononcé au Corps législatif par le tribun* Siméon.

naturel est une charge s'appliquera à simili à sa part ab intestat.

Enfin que serait un droit de créance qui varierait ainsi suivant la parenté, plus ou moins proche, que l'on aurait avec les héritiers du débiteur?

Si l'enfant naturel n'était que créancier, il ne pourrait pas alors demander la réduction contre les donataires entre-vifs (921), tandis que tout le monde lui reconnaît ce droit.

Sans doute, l'enfant naturel sera tenu de se faire envoyer en possession (770): on admet généralement qu'il ne sera pas tenu des dettes *ultra vires;* mais avoir la saisine et être tenu *ultra vires* du payement des dettes, ne sont pas des choses nécessairement corrélatives: la coutume de Bretagne (540; *ancienne coutume,* art. 573) exigeait que tout héritier collatéral fût envoyé en possession par la justice; et, cela fait, il était aussi bien héritier que les descendants ou les ascendants. Mais, de ce que certaines différences avec la succession ordinaire sont écrites explicitement ou implicitement dans la loi, la seule conséquence que l'on ait à en tirer est que ce sont des exceptions qu'il ne faut pas étendre au delà de leurs termes. L'enfant naturel n'est donc pas héritier, si l'on veut, mais il a des droits de la même nature que ceux des héritiers légitimes. Il est, si l'on peut s'exprimer ainsi, une fraction d'héritier légitime, ayant les mêmes prérogatives et les mêmes obligations, lorsque le contraire ne résulte pas du texte même de la loi.

4. Quelle diminution la réserve de l'enfant naturel fait-elle subir à la quotité disponible et à la réserve des autres héritiers ?

Les principes que nous venons d'établir vont nous rendre facile la solution de cette question.

S'il y a un ou deux enfants légitimes, la réserve de l'enfant naturel se prendra proportionnellement sur la quotité disponible et sur la réserve, parce que l'enfant naturel ayant un droit moindre à la vérité que celui de l'enfant légitime, mais de même nature, il doit produire les mêmes effets à l'égard des légataires de la quotité disponible. Or la présence d'un troisième enfant légitime aurait pour effet de réduire au quart la quotité disponible; la présence d'un enfant naturel la réduira aussi, mais dans une moindre proportion : il s'agit là d'un partage dans lequel un des copartageants prend une part moindre. On arrive au même résultat, quand même on partirait du principe que le droit de l'enfant naturel est une créance, parce qu'elle est supportée proportionnellement par les réservataires et ceux qui prennent la quotité disponible. TOULLIER, IV. 256, 266. CHABOT, *Sur l'art.* 756, n° 24. MERLIN, *Rép.*, v° *Réserve*, sect. IV, n°ˢ 15 et 16.

S'il y a trois enfants légitimes ou plus, le calcul change; comme alors, aux termes de l'art. 913, la quotité disponible est invariablement fixée au quart des biens, quel que soit le nombre des enfants : que ces enfants venant prendre part à la réserve soient légitimes ou naturels, peu importe au légataire, il prendra son quart de la fortune du *de cujus*, et le reste se partagera entre les réservataires, suivant leurs qualités respectives. C'est ce que reconnaissent les auteurs mêmes qui ont regardé la réserve de l'enfant naturel comme une charge de la succession. *Voir* TOULLIER, VI. 265. CHABOT, *Sur l'art.* 756, n° 26.

M. Belost-Jolimont (*sur* CHABOT, *Obs* 7 *sur l'art.* 756) a été plus logique pour arriver à un résultat singulier : partant de ce que la réserve de l'enfant naturel est une créance, il la fait supporter proportionnellement à la quotité disponible et à la réserve, quel que soit, du reste, le nombre des enfants légitimes venant prendre part à cette dernière. On arrive ainsi à cette conséquence, que, si nous supposons dix enfants légitimes et un naturel, le légataire universel aurait moins que s'il avait eu affaire à onze enfants légitimes; résultat que l'on ne peut raisonnablement admettre, et qui est une preuve de plus de la fausseté de la base dont on est parti.

Si, quand il n'y a qu'un ou deux enfants légitimes, il y a plusieurs enfants naturels, on suivra le même mode de calcul ; mais quand on sera arrivé à trouver une quotité disponible du quart de la succession (limite qui est variable, suivant le système que l'on adoptera pour calculer la part ab intestat des enfants naturels), cette quotité restera invariable par à fortiori de l'art. 913 ; et, quel que soit, du reste, le nombre des enfants naturels, on suivra le mode de calcul que nous venons d'indiquer en second lieu.

Nous avons jusqu'à présent supposé un légataire universel. Il en serait de même si le legs à titre universel comprenait la quotité disponible ou une portion des biens qui l'absorbât en entier. Si ce legs était moindre que la quotité disponible, on commencerait par le prélever, et le reste se partagerait entre les héritiers, enfants légitimes et naturels, suivant la quotité qui leur serait due. M. Chabot (*Sur l'art.* 756, n⁰ 32), en donnant cette solution, est forcé de reconnaître que, dans ce cas, le principe que la réserve de l'enfant naturel est une dette de la succession n'est pas applicable.

Lorsque le défunt ne laisse pas d'enfants légitimes, mais des ascendants dans les deux lignes, c'est exclusivement sur leur réserve que sera imputée celle de l'enfant naturel. En effet, nous avons vu que, dans la succession légitime, la réserve des ascendants n'est que subsidiaire ; qu'elle ne vient qu'au défaut de celle des enfants légitimes : nous avons vu encore que la réserve des enfants naturels est de même nature que celle des enfants légitimes, puisqu'on se fonde, pour la reconnaître, sur ce que le droit de l'enfant naturel est une portion du droit qu'il aurait eu s'il eût été légitime ; et puisque ces deux réserves concourent dans la même succession, tandis que celles des enfants légitimes et des ascendants ne concourent jamais.

Les ascendants sont exclus par les descendants légitimes, aussi bien de la succession ab intestat que de la réserve ; ils sont exclus pour une certaine partie de la succession ab intestat quand il y a des enfants naturels : si la réserve est une portion de la succession ab intestat, ils doivent être exclus pour la même partie dans la succession réservée. Enfin, les art. 913 et 915 fixent invariablement le droit du légataire à la moitié, quand il y a des ascendants dans les deux lignes : ce droit est le même, quand il n'y a qu'un enfant légitime. Or, il n'y a pas de raisons pour que son droit soit plus faible quand il concourt avec des ascendants dans les deux lignes et un enfant naturel, que quand il concourt avec un enfant légitime et un enfant naturel ; ce qui serait d'autant plus singulier, que l'enfant naturel a, vis-à-vis des ascendants, une réserve plus considérable que vis-à-vis des enfants légitimes.

Enfin, s'il n'existe d'ascendants que dans une ligne, la réserve de l'enfant naturel se prendra pour moitié sur la réserve de l'ascendant et pour moitié sur la quotité disponible ; car, dans le cas précédent, notre calcul revient à dire que la réserve de l'enfant naturel se prélève pour moitié sur la portion de réserve afférente à chaque ligne : dès qu'une de ces moitiés, par suite de l'absence d'ascendants, se trouve dévolue à un autre ordre d'héritiers ab intestat ou testamentaires, ce sont eux qui doivent supporter la moitié de la réserve de l'enfant naturel. Ce système, proposé par M. Zachariæ (§ 686 et notes 13, 14, 15, 16 et 17) est, en ce qui concerne les ascendants, entièrement contraire à celui proposé par tous les auteurs, qui partent de ce que la réserve de l'enfant naturel est une créance. Partant du point opposé, que le droit de l'enfant naturel est un droit héréditaire, on doit arriver aux mêmes conclusions que M. Zachariæ ; il n'y a pas de système intermédiaire possible, et celui-ci paraît être le plus en harmonie avec toutes les dispositions du Code sur la réserve.

C'est le système que nous adoptons, parce qu'il semble le plus logique, en même temps que le plus rationnel.

Le droit des enfants adultérins ou incestueux est réduit à de simples aliments (762) : c'est une véritable créance, qui n'a aucun des caractères de la réserve.

5. *La réserve de l'enfant naturel pourra-t-elle être réduite à la moitié, aux termes de l'art. 761 ?*

La question est controversée. Des auteurs pensent que la réduction de l'art. 761 peut porter sur la réserve, parce qu'elle est indépendante de la réduction à cette même réserve, réduction qui résulte virtuellement des libéralités que le père aurait pu faire. CHABOT, *Sur l'art.* 761, n° 1. TOUL-LIER, IV. 262. Toulouse, 29 avril 1845.

Mais ce résultat n'est pas écrit assez clairement dans le texte de l'art. 761, pour qu'on puisse l'admettre. Cet article dit, en effet, que toute réclamation est interdite aux enfants naturels, lorsqu'ils ont reçu, du vivant de leur père, *la moitié de ce qui leur est attribué par les articles précédents;* mais les articles précédents ne parlent que des droits ab intestat de l'enfant naturel : la réduction ne peut donc porter que sur ces droits; et, si nous nous appuyons sur ces articles pour calculer la réserve de l'enfant naturel, cette induction ne suffit plus quand il s'agit de pousser aussi loin le droit exorbitant de l'art. 761, car le but direct des art. 757 et 758 est de fixer son droit ab intestat.

Tout ce que l'on peut accorder, c'est que, si la réserve de l'enfant naturel était supérieure à la moitié de sa part ab intestat, il ne pourrait pas réclamer plus que cette moitié, parce qu'il se trouve en présence des légataires et des donataires, qui ne sont pas dans une position moins favorable que la sienne, et qu'il ne doit pas avoir plus quand son père, après avoir fait le pacte de l'art. 761, a épuisé la quotité disponible, que quand elle est restée dans sa succession. BELOST-JOLIMONT, *sur* CHABOT, *Obs.* 1 *sur l'art.* 761. ZACHARIÆ, § 686 et notes 10, 11 et 12.

Art. III. — *Réserve des ascendants.*

Cette réserve était admise par le Droit romain, et re-poussée en général par le droit coutumier. Elle est admise par le Code dans l'art. 915.

Nous devons voir : 1° quelle en est la quotité; 2° si elle est due à d'autres qu'aux ascendants légitimes ou qui ont légitimé leurs enfants par un mariage subséquent; 3° s'il faut, pour y avoir droit, que les ascendants soient héritiers; 4° les règles d'après lesquelles cette réserve doit concourir avec le droit spécial de l'art. 747.

1. *Quotité de la réserve des ascendants.*

Cette réserve n'est pas calculée, comme celle des descendants, suivant le nombre de ceux qui y prennent part, mais suivant la circonstance qu'il y a des ascendants dans les deux lignes, ou dans une seule. Dans le premier cas, la réserve est de moitié; dans le second, du quart, quel que soit le nombre des ascendants qui y ont droit; et nulle part la loi n'accorde à l'ascendant du degré le plus proche un droit d'usufruit analogue à celui qu'elle accorde aux père et mère dans le cas des art. 753 et 754.

« 915, § 1. — Les libéralités, par actes entre-vifs ou
» par testament, ne pourront excéder la moitié des biens,
» si, à défaut d'enfant, le défunt laisse un ou plusieurs
» ascendants dans chacune des lignes paternelle et mater-
» nelle; et les trois quarts, s'il ne laisse d'ascendants que
» dans une ligne. »

Ce calcul donne au légataire plus que ce qui reste à chaque ascendant ou aux ascendants dans une ligne : il a autant que les ascendants dans les deux lignes.

Si le défunt laisse ses père et mère, et des frères et sœurs, la réserve des premiers se trouvera égale à leur portion héréditaire ab intestat : s'il y a un légataire universel, ils n'en prendront pas moins la moitié, et les frères et sœurs n'auront aucun droit; de sorte qu'il est indifférent que ces ascendants aient ou non des enfants.

Dans les autres cas, ils auront la moitié de ce qu'ils auraient eu ab intestat.

2. *La réserve des ascendants n'appartient-elle qu'aux ascendants légitimes, ou qui ont légitimé leurs enfants par mariage subséquent?*

Les ascendants adoptifs ne reprennent que les biens par eux donnés, et seulement s'ils se retrouvent en nature (351, 352); le père adoptif, n'étant pas héritier de l'adopté, ne peut être son héritier à réserve.

Quid de l'ascendant naturel? Si son fils institue un légataire universel, pourra-t-il faire réduire ce legs à la quotité disponible?

La présomption qui a créé une réserve au profit des ascendants légitimes semblerait devoir en faire aussi admettre une en faveur des ascendants naturels. L'enfant naturel, en déshéritant ses ascendants, n'a pas exprimé une volonté complète. On peut ajouter que, puisque la réserve existe au profit des descendants naturels, la réciprocité doit faire penser qu'il en existe une au profit du père.

Cependant la réserve est quelque chose d'exorbitant du droit commun, qu'il ne faut pas étendre au delà des cas prévus : il ne faut pas se laisser aller trop facilement à dépouiller les héritiers testamentaires. On trouve bien, dans la combinaison des art. 757, 758 et 761, la preuve de l'existence d'une réserve au profit de l'enfant naturel, avec le moyen de la fixer d'une manière certaine; mais nul texte du Code ne permet d'en voir une au profit des père et mère naturels. L'ar. 915, placé près des art. 913 et 916, ne peut s'entendre que des ascendants légitimes, et certainement ce n'est pas comme héritiers légitimes que viendront les ascendants naturels, puisque, pour être héritier légitime, il faut être parent légitime.

Les considérations que l'on fait valoir dans l'opinion opposée ne sont pas suffisantes pour suppléer à la loi : la réciprocité dont on parle est contestable et même imaginaire, car l'ascendant naturel a commis une faute en procréant un enfant hors mariage ; et, si la protection que la loi accorde à ce contrat fait que l'enfant naturel n'a pas des droits égaux à ceux d'un enfant légitime, on lui en accorte cependant dans une certaine mesure, parce qu'il n'a commis aucune faute: tandis qu'il ne serait pas juste que l'ascendant, qui est coupable, pût en tirer profit. Enfin, s'il fallait admettre cette réserve, comme le seul élément de calcul que nous ayons, est l'art. 765, qui, dans le cas de mort de l'enfant naturel sans postérité, attribue aux père et mère naturels des droits égaux à ceux des père et mère légitimes, il faudrait dire que, dans un cas comme dans l'autre, la réserve serait la même. Il faut avouer qu'un pareil résultat n'est guère moral. *Voir* en ce sens Chabot, *Sur l'art.* 765, n° 5. Zachariæ, § 680, note 4. Nîmes, 11 juillet 1827 ; Douai, 5 décembre 1840. — *Contra :* Bordeaux, 24 février 1834 ; 20 mars 1837. Belost-Jolimont, *sur* Chabot, *Obs.* I *sur l'art.* 765.

Nous avons vu que, pour avoir droit à la réserve, il faut être héritier: par conséquent, l'ascendant n'aura droit à une réserve qu'autant qu'il viendra à la succession ; de sorte que si les frères et sœurs viennent, il n'aura rien.

Mais une question subsidiaire se présente :

3. *Lorsque les frères renoncent ou sont indignes, ou même sont exclus par le testament de leur frère, y aura-t-il lieu à la réserve des ascendants?*

Notre droit présente cette bizarrerie, que les frères et sœurs, dans la succession ab intestat, sont préférés aux grands-pères et grand'mères ; tandis que, quand il s'agit d'attribuer une réserve, c'est aux ascendants et non aux frères et sœurs qu'elle l'attribue : cela existait en Droit ro-

main, ainsi qu'on peut le voir par la comparaison de la Novelle XVIII, *C.* I, de Justinien, avec sa Novelle CXVIII,
C. II. D'après cette dernière, les frères germains concou-
raient avec les ascendants et partageaient par tête. D'après
la Novelle XVIII, *C.* I, si le *de cujus* disposait au profit
d'une personne étrangère, il pouvait dépouiller ses frères et
sœurs, et non ses ascendants : ceux-ci avaient, dans ce cas,
droit à un tiers de la succession. C'était ainsi que Balde
entendait ces textes. Bartole donnait à la Novelle XVIII
un sens tout différent : il pensait que le tiers dont il
était question était le tiers de la portion qu'ils auraient
eue ab intestat; mais Domat prouve que le texte doit être
entendu dans l'autre sens. *Lois civiles,* part. II, liv. III,
tit..iii, sect. ii, art. 8.

Le Code civil a admis cela d'une manière encore plus
étrange, puisque les frères et sœurs excluent totalement les
ascendants, sans être eux-mêmes réservataires ; il n'a pas
pensé que le lien fût assez fort entre eux pour ne pas supposer une volonté absolue de les déposséder, et ce sera le
moyen de maintenir les bonnes relations que de montrer
que l'on peut punir leurs mauvais procédés.

Aussi l'art. 915, § 2, s'exprime-t-il ainsi :

« Les biens ainsi réservés au profit des ascendants, seront
» par eux recueillis dans l'ordre où la loi les appelle à suc-
» céder; ils auront seuls droit à cette réserve, dans tous les
» cas où un partage en concurrence avec des collatéraux
» ne leur donnerait pas la quotité de biens à laquelle elle
» est fixée. »

Lorsque les frères et sœurs viennent à la succession, les
ascendants sont écartés; mais quand ils ne viennent pas,
par une cause ou par une autre, provenant soit du défaut de
vocation par le testament réel du défunt, soit de leur
renonciation ou de leur indignité, les ascendants viendront
prendre leur réserve, car alors ils sont héritiers. En effet,
la réserve se calcule d'après le nombre et la qualité des

héritiers appelés au jour de la mort: or, ici, les frères et sœurs déshérités ne sont pas appelés (1); s'ils renoncent, ils sont censés n'avoir jamais été héritiers, et leur part est par cela même dévolue au degré subséquent qui arrive *jure proprio* (785, 786); s'ils sont indignes, la déclaration d'indignité que prononce la justice produit un effet analogue et détruit chez eux toute espèce de vocation, et celle des ascendants arrive avec toutes ses conséquences. On aurait donc tort d'argumenter des mots de l'art. 915, § 2, *dans l'ordre où la loi les appelle à succéder;* car cet art. 915 a été mis dans le Code sur la demande du Tribunat, après la suppression de la réserve des frères et sœurs. Ces mots n'étaient pas dans l'article, tel que le Tribunat en demandait l'insertion; mais ils y furent ajoutés par le conseil d'État, pour qu'il fût bien entendu sur cet article que la réserve se partagerait entre les ascendants, suivant les mêmes règles que la succession ab intestat, et non par tête, comme en Droit romain, principe qui avait été admis dans la discussion sur le projet primitif.

La renonciation des frères et sœurs sera donc inutile lorsque le défunt aura fait une disposition à titre universel; mais les raisonnements que nous venons de faire ne sont plus applicables lorsqu'il a fait des dispositions à titre particulier, car alors la vocation des frères et sœurs subsiste toujours; et l'on peut dire qu'une renonciation de leur part peut paraître trop suspecte pour produire des effets d'une telle gravité. Il y a bien, en effet, quelque chose de singulier à renoncer ainsi à un droit qui est réduit à rien; mais on ne fait pas attention que, par cette renonciation, l'héritier perd le droit d'attaquer, pour cause de captation, les libéralités

---

(1) En effet, la succession ab intestat étant le testament présumé du défunt, et l'héritier ab intestat ne tenant ses droits que de lui, du moment que cette volonté est exprimée en sens contraire, il n'y a plus aucune espèce de vocation pour lui, elle est toute pour l'héritier testamentaire; c'est celui-ci seulement qui se trouve en face du réservataire. Dire qu'il est subrogé aux droits des frères et sœurs n'est pas admissible, ainsi que nous l'avons déjà vu.

entre-vifs ou testamentaires, de poursuivre la révocation des legs pour ingratitude : ce sont là des effets assez graves pour admettre la validité d'une telle renonciation, et une fois cette validité admise, vient la vocation des ascendants avec toutes ses conséquences.

Enfin, on peut très-bien comprendre que la loi ait préféré les frères dans la succession ab intestat, et les ascendants dans la succession réservée. Quand les frères recueillent les biens de leur frère, la loi leur accorde ce qu'ils auraient eu plus tard si les biens fussent allés en partie à l'aïeul : c'est, pour ainsi dire, une succession anticipée ; tandis qu'elle craint que son exhérédation ne nuise aux petits enfants mêmes, qui se trouveraient peut-être plus exposés à une demande d'aliments, et qui ne pourraient en donner que dans une faible proportion, leur fortune étant moindre qu'ils n'auraient dû s'y attendre. Paris, 16 juillet 1839. *Rejet*, 11 mai 1840. *Consult. de* M. Augier, S. XL. 1. 680. Marcadé, *Sur l'art.* 915, n° II. — *Contra* : Zachariæ, § 680, note 10.

Cette réserve n'est nullement un prélèvement à opérer sur la succession, sauf partage du reste : la fin de l'article indique suffisamment qu'il faut que l'ascendant commence par partager (au moins fictivement) avec les collatéraux avec lesquels il se trouve en concours. Si, dans ce partage, il a sa réserve, cela suffit ; s'il ne l'a pas, ce qu'il a obtenu en sera pour lui une partie, et il ne pourra agir que pour en demander le complément.

4. *De la réserve des ascendants dans le cas de l'art.* 747.

Des difficultés d'un autre ordre se présentent quand il s'agit de combiner la réserve des ascendants avec le droit de retour spécial attribué à l'ascendant donateur dans l'art. 747.

Ces difficultés proviennent de ce que l'on considère le droit dont il est question dans cet article, comme une succession anomale ; et, en effet, elle est fort anomale, tandis qu'au fond il ne s'agit que d'un simple droit de retour tacite, ayant bien, sous quelques rapports, les effets du droit de succession, mais qui, dans le doute, doit plutôt être réglé par les principes des conditions.

Partant de là, deux hypothèses se présentent : les biens donnés forment seuls la fortune du *de cujus,* ou ils la forment avec d'autres biens qui ne sont pas soumis au même droit, et que, pour plus de brièveté, nous appellerons *biens personnels.* Dans chacune, trois cas peuvent se présenter : l'ascendant donateur est exclu de la succession ; il y vient seul ; il y vient en concours avec d'autres héritiers.

Première hypothèse. — Les biens donnés font seuls partie de la succession.

Si l'ascendant donateur est exclu par des ascendants d'un degré plus proche, il est bien évident que ces ascendants plus proches ne pourront demander aucune réserve sur les biens donnés, puisque si ces biens n'eussent été ni donnés ni légués par le donataire, ils fussent retournés à l'ascendant donateur et qu'ils n'en eussent ainsi rien eu. Quant à l'ascendant donateur, comme il ne peut exercer son droit qu'à la condition que les biens donnés se trouveront en nature dans la succession, et que les biens, même légués, ne font plus partie de la succession, il ne pourra avoir aucune action ; il n'aura droit à aucune réserve, car il n'est pas héritier.

Si l'ascendant donateur est seul héritier du donataire, il n'y a pas davantage lieu au droit de retour ; mais il pourra demander sa réserve, parce que, quoique les biens donnés ne soient plus en nature dans la succession, cependant les motifs qui ont fait admettre la réserve se présentent ici : et d'ailleurs, si la fortune du donataire se fût composée de biens donnés par des étrangers francs de toute condition résolutoire, et qu'il en eût ensuite disposé par testament ou par donation entre-vifs, cet ascendant aurait eu une réserve sur ces biens ; à plus forte raison l'aura-t-il quand ce seront des biens qu'il aura donnés, et sur lesquels il ne pourra plus exercer le droit de retour tacite.

Si l'ascendant donateur concourt avec d'autres ascendants, on calculera d'abord la réserve à laquelle sa ligne aurait droit, et il prendra dans cette réserve ainsi calculée une part virile; les autres n'auront rien. En effet, si les biens fussent restés dans la succession, les autres ascendan's n'eussent rien eu du tout, le donateur en aurait pris la totalité; on ne voit pas pourquoi ils auraient plus de droit quand ces biens en sont sortis que quand ils y sont restés. Quant à l'ascendant donateur, il aura sa réserve par les raisons que nous venons de déduire pour le cas précédent, et les autres ascendants ne pourront rien avoir, parce que si la présence de l'ascendant donateur nuit à ceux qui tiennent du donataire à titre gratuit, elle ne leur nuira qu'à condition qu'il en profitera lui-même.

Seconde hypothèse. — La fortune du *de cujus* se compose à la fois de biens donnés, et de biens personnels, et il a institué un légataire universel.

Si l'ascendant donateur est exclu par des ascendants plus proches, la réserve de ceux-ci se calculera uniquement sur les biens personnels, parce que les autres seraient retournés à l'ascendant donateur s'ils étaient restés dans la succession.

Si l'ascendant donateur est seul héritier, sa réserve se calculera, et sur les biens personnels, comme héritier, et sur les biens donnés par les raisons que nous avons vues précédemment.

Enfin, dans le cas où il concourrait avec d'autres ascendants, on calculera d'abord sur les biens personnels la réserve à laquelle tous ont droit, et on la partagera entre eux; et quant aux biens donnés, on suivra le calcul que nous avons indiqué en troisième lieu sur la première hypothèse.

Si le donataire laissait des enfants naturels, la réserve de ceux-ci se prendrait, sans aucune distinction entre les biens donnés et les biens personnels, proportionnellement sur chacune des deux espèces, parce qu'il n'y a nulle raison de la faire peser sur l'une plutôt que sur l'autre : la réserve des ascendants, qui se trouve diminuée d'autant, ainsi que nous l'avons vu plus haut, se calculerait sur le reste des biens suivant les règles que nous venons d'établir.

§ II. — *De la quotité disponible entre époux.*

Les règles de la réserve varient encore selon que le *de cujus* a fait des libéralités à son conjoint ou à toute autre personne, 1094, 1098.

De tout temps, l'attention du législateur a dû se porter sur les libéralités entre époux. Si l'intimité du lien peut les justifier plus que toutes autres, d'un autre côté, l'influence que l'un peut avoir sur la volonté de l'autre doit rendre plus suspect le motif qui le fait agir. Il faut donc chercher l'équilibre entre les forces respectives de ces considérations, et, pour cela, on examine deux points : 1º la nature de ces donations; 2º la quotité dont il sera permis de disposer.

1º. *La nature.* — Le législateur doit-il permettre de faire entre époux des donations ayant le caractère d'irrévocabilité des donations ordinaires? La réponse demande une distinction. Quant aux libéralités faites par contrat de mariage, quelque temps avant le mariage, elles doivent être soumises à des règles plus larges que celles qui sont faites pendant; elles sont, pour ainsi dire, une des conditions du mariage ; puis, elles sont faites à une époque où la liberté des personnes est encore entière : aussi le législateur ne voit-il nul inconvénient à les permettre, sauf les modifications à la règle *donner et retenir ne vaut.*

Mais celles qui sont faites pendant le mariage sont suspectes à cause de l'influence qu'exerce la vie commune. Le législateur doit donc examiner si elles sont la suite de l'entraînement, et ne les permettre qu'à des conditions qui en détruisent les inconvénients et les dangers : c'est pour ce motif que le Code déclare ces libéralités révocables. Ce n'est pas de cela que nous avons à parler ici.

2°. *La quotité.* — A l'idée de l'influence qui peut être exercée, se présente, comme contre-poids, cette autre idée, que la personne à qui l'on a donné a pu se rendre digne de cette libéralité. Aussi, le législateur ne fait-il pas de distinctions, et soumet-il à la même quotité les donations faites par contrat de mariage et celles faites pendant le mariage : on distingue seulement si elles causent un préjudice à tel ou tel ordre d'héritiers.

Nous examinerons donc les points suivants :

1°. Dans quel cas la portion disponible au profit d'un conjoint est aussi forte que celle qui existe au profit de toute autre personne (art. 1094, § 1);

2°. Dans quel cas elle est plus considérable (article 1094, § 1);

3°. Dans quel cas elle est tantôt supérieure, tantôt inférieure, sauf controverse (art. 1094, § 2);

4°. Dans quel cas elle est supérieure (art. 1098);

5°. Quel sera le sort des donations déguisées ou faites à personnes interposées (art. 1099, 1100);

6°. Quel sera l'effet du concours des libéralités faites par une même personne à son conjoint et à un étranger.

Art. I. — *Dans quel cas la portion disponible au profit d'un conjoint est la même que celle qui existe au profit de toute autre personne.*

La portion disponible au profit du conjoint est égale à la portion disponible ordinaire lorsque le *de cujus* ne laisse pas d'héritier à réserve. Il eût été contradictoire que la loi permît de disposer de tout son bien au profit d'étrangers, et qu'elle n'eût pas permis de le faire au profit d'un conjoint : aussi l'art. 1094, § 1, dit-il que l'époux qui ne laisse pas d'enfants peut disposer, en faveur de l'autre époux, de tout ce dont la loi lui permet de disposer au profit d'un étranger. On a même fait à la loi le reproche d'avoir placé les collatéraux, l'enfant naturel, les père et mère naturels avant l'époux. Cependant elle a eu de graves motifs en n'appelant pas le conjoint dans un ordre trop élevé ; elle a voulu que, par sa conduite, il méritât les libéralités qu'on pourrait lui faire : mais elle n'avait pas le moindre intérêt à défendre à celui qui n'a ni ascendant ni descendant de donner à son conjoint la totalité de ses biens, puisqu'il pouvait les donner à un étranger.

Art. II. — *Dans quel cas la quotité disponible au profit du conjoint est supérieure à la quotité disponible ordinaire.*

Lorsque le *de cujus* laisse pour héritiers à réserve des ascendants, il peut, dans les cas ordinaires, disposer de la moitié de ses biens s'il en a dans les deux lignes, et des trois quarts s'il n'en a que dans une seule. L'art. 1094, § 1, lui offre plus de latitude lorsqu'il dispose au profit de son conjoint : « L'époux pourra, soit par contrat de mariage, » soit pendant le mariage, pour le cas où il ne laisserait » point d'enfants ni descendants, disposer en faveur de » l'autre époux, en propriété, de tout ce dont il pourrait » disposer en faveur d'un étranger, et, en outre, de l'usu- » fruit de la totalité de la portion dont la loi prohibe la dis- » position au préjudice des héritiers. »

Celui qui a des descendants, et qui, de plus, est marié, peut donc donner à son conjoint, d'abord tout ce qu'il pourrait donner à un étranger, et, en outre, l'usufruit de la portion réservée aux ascendants. S'il a des ascendants dans les deux lignes, après avoir légué la moitié de la pleine propriété, il pourra donner l'usufruit de l'autre moitié qui reste aux ascendants, ou du quart s'il n'en a que dans une seule ligne.

Cette disposition, qui introduit une réserve complétement dérisoire en faveur des ascendants, ne paraît pas fort réfléchie de la part du législateur, qu'on la considère dans le projet Jacqueminot d'où elle dérive, ou dans le Code civil. Sans doute, on voit quelquefois des gendres plus âgés que leurs beaux-pères et belles-mères, mais c'est rare ; et il sera assez singulier de voir une nue propriété appartenir au plus âgé, et l'usufruit au plus jeune. Cet usufruit ne pourra peut-être pas se réunir de longtemps à la propriété qui repose sur celui qui a environ une génération de plus que l'usufruitier, et l'ascendant se trouvera ainsi borné à un bien fort improductif, qui n'augmentera pas son bien-être, et qui ne lui procurera pas d'autre avantage que d'être transmis à ses héritiers ; ou, s'il veut en profiter, il la vendra, et ce sera à vil prix, comme se vend toute nue propriété à laquelle l'usufruit ne doit pas se joindre facilement.

Cependant peut-on dire que, malgré cela, il y a encore de bonnes raisons pour justifier l'art. 1094 ? Tout ce que l'on peut dire, c'est que l'on trouve là le résultat d'une idée naturelle à ceux qui se marient. La loi, ne donnant pas au conjoint une vocation tacite prochaine, doit permettre une vocation expresse plus étendue : dans les contrats de mariage, on prévoit ordinairement le prédécès des conjoints, et l'on pense qu'il faut arranger les choses de manière que le survivant doive conserver le revenu qu'il avait pendant la vie de son conjoint. Aussi voit-on beaucoup de donations d'usufruit faites au survivant, de manière à concilier l'intérêt des familles et l'affection du conjoint, en donnant à celui-ci l'usufruit, et en réservant la nue propriété aux héritiers. Tel a été le point de départ de l'art. 1094, qui pense que l'on doit conserver au survivant le revenu qu'il avait pendant le mariage. Mais cette idée a été exagérée ; car, pour assurer le superflu à l'époux, on a peut-être retranché le nécessaire aux ascendants. On dit, en outre, que l'ascendant n'a pas trop à se plaindre de ce que l'interversion de l'ordre de la nature a fait mourir son descendant avant lui : il ne devait pas y compter. Mais cela n'a pas une grande force, puisque l'on condamne ainsi d'un coup toutes les réserves d'ascendants; or le législateur les admet : il devait donc admettre ici une réserve sérieuse.

Art. III. — *Dans quel cas la quotité disponible est tantôt plus forte, tantôt plus faible à l'égard du conjoint qu'à l'égard de toute autre personne.*

Ce cas est celui de l'art. 1094, § 2, qui s'exprime ainsi : « Et pour le cas où l'époux donateur laisserait des enfants » ou descendants, il pourra donner à l'autre époux, ou un » quart en propriété et un autre quart en usufruit, ou la » moitié de tous ses biens en usufruit seulement. » Il ne faut pas le confondre avec celui de l'art. 1098. L'art. 1094 suppose que le conjoint donateur laisse un enfant de son mariage avec le donataire, ou qu'il en laissera d'un mariage postérieur, s'il convole à de secondes noces, car c'est au jour de la mort que l'on estime la portion disponible; tandis que l'art. 1098 parle du cas où il y a des enfants nés d'un mariage précédent.

Lors donc que le disposant a des enfants de l'époux auquel il donne, ou d'un mariage postérieur, il a pu donner à son conjoint un quart en propriété et un quart en usufruit, ou la moité de ses biens en usufruit.

Cette disposition est renfermée dans des limites assez étroites : le législateur aurait pu l'étendre davantage, puisque les enfants retrouveront les biens dans la succession du donataire ; mais les rédacteurs du Code n'ont pas pensé que cela fût assez certain, car ils peuvent n'en retrouver qu'une partie, si le donataire, à son tour, a fait des libéralités, ou s'est remarié, et a eu d'autres enfants qui viennent concourir avec ceux du précédent mariage.

Cette alternative du quart en propriété et du quart en usufruit, avec la moitié en usufruit, a étonné beaucoup de personnes ; si je dis : *Je vous donne* QUINZE OU VINGT, *à votre choix,* le choix ne sera pas difficile. La loi laisse une alternative entre deux quantités, dont l'une est plus forte que l'autre.

Pour prétendre que l'alternative n'existe pas entre deux quantités inégales, on avait proposé d'entendre le mot *propriété* comme signifiant *nue propriété,* et dans la loi on eût posé l'alternative de donner un quart en nue propriété auquel se fût joint l'usufruit à la mort de l'enfant, ou un quart en usufruit qui fût revenu, à la mort de l'époux, à la nue propriété restée aux mains de l'enfant ; et l'on ajoutait que souvent le mot *propriété* s'entendait de la nue propriété, surtout quand il était mis en opposition avec l'usufruit. Mais dans le paragraphe 1 de l'article, il est question de la pleine propriété ; il est donc peu probable qu'on ait voulu employer le mot dans un autre sens dans le paragraphe 2. De plus, si la loi avait voulu arriver à ce résultat, il eût été beaucoup plus simple de donner immédiatement un quart en pleine propriété. Bruxelles, 21 juillet 1810.

Cette première interprétation a été abandonnée. On en a essayé une autre, et l'on a voulu voir dans les termes de notre article une application de l'art. 1190 qui, dans les obligations alternatives, donne le choix au débiteur ; de sorte que, si le testateur avait légué *ce dont il lui était permis de disposer,* les héritiers légitimes auraient eu le choix de donner au conjoint, ou la moitié de tous les biens en usufruit, ou le quart en propriété et le quart en usufruit. Le choix ne sera pas difficile à faire : de plus, c'est aller probablement contre la volonté du défunt, car un pareil legs implique qu'on a voulu léguer le plus possible. TOULLIER, V. 867.

M. Delvincourt propose une autre interprétation : La loi ne veut pas, suivant lui, que l'on donne au conjoint au préjudice des enfants, ni trop de propriété ni trop d'usufruit ; elle ne veut pas qu'on leur enlève trop de la propriété, ni qu'on retienne indéfiniment la jouissance des biens de leur père. Si l'art. 1094 ne s'était pas expliqué dans ce sens, un conjoint, laissant son époux d'un âge avancé, aurait pu lui donner l'usufruit de tous ses biens, et l'on aurait pu prétendre que cela ne dépassait pas la quotité disponible ordinaire; puis, la longue vie du donataire aurait pu déranger tous les calculs, et borner pendant ce temps les enfants à la nue propriété, patrimoine assez stérile.

Cette interprétation de l'alternative de l'art. 1094, § 2, ne suffit pas; on ne peut l'expliquer que par l'historique de la rédaction du Code. L'art. xvi du projet ne permettait de donner que le quart des biens, en pleine propriété, quel que fût le nombre des enfants. L'art. xvii ne permettait pas de donner plus de l'usufruit du quart des biens, *sans préjudice de ce qui serait réglé à l'égard des époux;* et dans l'art. clvi du projet, devenu l'art. 1094, après avoir dit que l'on pouvait donner un quart en pleine propriété et un quart en usufruit, on ajoutait que la disposition en usufruit seulement pourrait aller jusqu'à la moitié, disposition qui semble utile, à cause de la règle spéciale que l'art. xvii posait en cas d'usufruit. Depuis, cet art. xvii a été remplacé par l'art. 917, et la disposition de l'art. 1094 s'est ainsi trouvée ne plus avoir de relation avec ce qui la précédait. Benech, *De la quotité disponible entre époux*, pages 214 à 217.

Quoi qu'il en soit, le Code a maintenu l'alternative, et comme, en définitive, l'idée de M. Delvincourt est en soi fort raisonnable, la règle de cet article doit être considérée comme faisant exception à l'art. 917, de sorte que, dans le cas d'une disposition excessive en usufruit, il n'y aura pas lieu à transformation: si l'époux donne sept douzièmes en usufruit, on ne transformera pas l'usufruit en propriété, pour en attribuer une portion après avoir donné l'usufruit de la moitié; on n'a voulu donner que de l'usufruit, on n'a pu en donner que la moitié. Interpréter autrement serait aller arbitrairement contre la volonté du donateur; d'au-

tant plus que ces dons sont de beaucoup les plus fréquents,
et que l'on doit, autant que possible, éviter les évaluations
d'usufruit. Bourges, 12 mars 1839; Angers, 8 juillet 1840.
Levasseur, n° 87. — *Contra:* Benech, *op. c.,* pages 436
à 442.

Nous trouvons ici un cas où la quotité disponible entre
époux est tantôt supérieure, et tantôt inférieure, à la quotité
disponible ordinaire.

L'art. 1094, § 2, indique, comme on le voit au premier
abord, une quotité fixe dont on peut disposer au profit du
conjoint, quel que soit le nombre des enfants. Si l'on ne laisse
qu'un enfant, comme on a le droit de disposer de la moitié
en pleine propriété au profit d'un étranger, et que ce droit
n'est que d'un quart en pleine propriété et d'un quart en usufruit au profit du conjoint, on ne peut lui donner qu'une
quotité inférieure à celle que l'on donnerait à un étranger. Si
l'on a trois enfants, la quotité disponible au profit de l'époux
est supérieure à celle au profit de l'étranger, parce qu'on ne
peut donner à ce dernier qu'un quart en pleine propriété,
tandis qu'on peut y ajouter un quart en usufruit au profit de
l'époux.

Quand il y a trois enfants, on peut donner à un étranger
le tiers de sa fortune ; au conjoint, on donnera toujours un
quart en propriété et un quart en usufruit. Laquelle de ces
deux quotités est la plus forte? Cela est fort variable. L'usufruit n'est appréciable qu'à la mort de l'usufruitier : s'il
vit longtemps, il est onéreux; autrement, il y aura bénéfice pour le propriétaire. Il y a là quelque chose d'a-
léatoire. Le fisc l'estime à la moitié de la propriété. Supposons cette estimation exacte : quand on a deux enfants, on
peut donner le tiers de ses biens à un étranger, c'est-à-dire
huit vingt-quatrièmes; à son conjoint on donne six vingt-
quatrièmes en pleine propriété et trois vingt-quatrièmes
en usufruit, soit neuf vingt-quatrièmes. Si l'estimation de
la régie est exacte, cette disposition est plus considérable

que celle du tiers que l'on peut faire au profit d'un étranger : il y a un vingt-quatrième de plus qu'on a le droit de donner à son conjoint, quand on a deux enfants.

Si, en effet, l'art. 1094, § 2, renferme une quotité fixe, notre idée est justifiée, car on voit, par le calcul que nous venons de faire, que sa quotité est tantôt supérieure, tantôt inférieure à la quotité disponible ordinaire.

Cette doctrine, émise d'abord par un arrêt de la cour de Nîmes, du 10 juin 1807, a été universellement adoptée par les auteurs. Cependant on l'a contestée dans ces derniers temps, et l'on a prétendu que l'art. 1094, § 2, est rédigé dans un sens qui permet de donner toujours à son conjoint plus qu'à un étranger, dans le cas où l'on pourrait donner à un étranger moins que ce qui est fixé par l'art. 1094 ; mais qu'il ne défend pas de donner à son conjoint tout ce que, d'après l'art. 913, on donnerait à un étranger.

Pour appuyer cette opinion, on dit qu'aux termes de l'art. 902, quand il s'agit de donner ou de recevoir, toutes personnes sont capables, excepté celles que la loi déclare incapables ; qu'en matière de donation, les époux sont placés sous la règle générale de capacité de l'art. 913, règle que l'art. 1094 a pour but d'étendre, et nullement de restreindre. Cet article dit, en effet, que *l'époux... pourra donner à l'autre époux :* c'est là, d'après le langage ordinaire des lois, une de ces expressions qui ne font qu'indiquer une faculté dont on est libre d'user ou de ne pas user, et jamais on n'a voulu les employer pour limiter la capacité : d'ailleurs l'art. 1098, qui se trouve plus loin, montre bien que telle est l'intention du législateur ; car il dit que l'époux ayant des enfants d'un précédent mariage *ne pourra donner à son nouvel époux que....* L'art. 913 aussi pose une défense absolue en disant que les libéralités *ne pourront* dépasser le taux qu'il fixe. Toutes les fois que la loi a voulu créer des incapacités entre époux, elle l'a fait. A l'art. 1098 on joint les art. 1496, § 2, et 1527, § 3. Dans l'art. 1094 or a employé des expressions tout à fait opposées : c'est qu'on n'a pas voulu le mettre sur la même ligne.

En second lieu, on argumente de l'historique de la rédaction du Code. Dans le projet du Code civil, présenté aux Cinq-Cents en l'an VIII, par Jacqueminot, l'art. XVI du titre *des Donations* fixait invariablement la quotité disponible au quart, quel que fût le nombre des enfants ; à la moitié, s'il avait des ascendants, des frères ou des sœurs, ou descendants d'eux ; aux trois quarts, quand on avait des oncles, grands-oncles ou des cousins germains, et l'art. XVII défendait de donner en usufruit plus qu'on ne pouvait donner en pleine propriété, *sans préjudice de ce qui serait réglé à l'égard des époux* ; enfin l'art. CLI, qui réglait la quotité disponible entre époux, est devenu textuellement l'art. 1094. Ce projet devint, dans cette partie, le projet du Code civil qui fut présenté au conseil d'État. Mais, dans la séance du 21 pluviôse an XI, après une longue discussion, on adopta l'amendement du consul Cambacérès qui fixait la réserve des enfants suivant leur nombre, telle qu'elle se trouve dans l'art. 913. Quant à l'art. 1094, il fut adopté sans discussion dans la séance du 27 ventôse suivant.

Dans cette même séance fut discuté l'art. 1098 qui, dans le cas d'un second mariage, quand il y avait des enfants d'un premier lit, défendait de donner au nouvel époux plus d'une part d'enfant le moins prenant, *et en usufruit seulement*. Cambacérès fit observer que la faveur due aux enfants du premier lit ne devait pas défendre de donner cette part en pleine propriété ; et alors Berlier proposa une limitation à cette règle : car, dit-il, *s'il n'y avait qu'un enfant ou deux du premier mariage, et point du second, le nouvel époux pourrait, en partageant avec eux, avoir la moitié ou le tiers de la succession.* Il demanda donc que cette part ne pût pas dépasser le quart des biens. L'article fut adopté avec ces amendements, et l'on y ajouta : ... *sans que,* DANS AUCUN CAS, *ces donations puissent excéder le quart des biens.* Ces mots *dans aucun cas,* combinés avec l'esprit qui a présidé à la rédaction de l'article, montrent bien que l'on a défendu au second conjoint de recevoir plus du quart, parce qu'en prenant moitié ou le tiers des biens, il aurait été dans une position égale à celle du premier conjoint: c'est ce que l'on a voulu empêcher; car on ne peut penser que M. Berlier, qui connaissait l'esprit de l'ancienne législation, quant aux secondes noces, pût un seul moment songer à placer le second conjoint dans une position supérieure à celle du premier; ce qui aurait eu lieu, s'il avait été question d'une quotité fixe en sa faveur.

Le projet fut présenté au Tribunat, qui proposa de permettre de donner au conjoint tout ce que l'on pourrait donner à un étranger, parce qu'*il est juste qu'un époux puisse donner à l'autre tout ce dont il pourrait disposer en propriété, c'est-à-dire autant qu'il pourrait donner à un étranger, ou la moitié de ses biens en usufruit.* Malgré cela, le conseil d'État maintint la rédaction de l'art. 1094 telle qu'il l'avait adoptée; mais ce silence s'explique, parce qu'en votant l'amendement Berlier, il avait suffisamment indiqué sa pensée, et qu'il croyait inutile de l'exprimer une seconde fois.

Il est bien vrai que l'exposé des motifs par M. Bigot-Préameneu, et le Rapport au Tribunat par M. Jaubert, présentent l'art. 1094 comme établissant une quotité fixe; mais, en admettant que ce soit leur opinion, elle ne peut prévaloir contre celle du Gouvernement, telle qu'elle ressort de la discussion du projet.

Enfin, il serait absurde que le nombre des enfants fût à la fois une cause de capacité et d'incapacité entre les époux; le législateur ne l'a pas voulu. Au contraire, dans tous les projets qui ont été présentés, toujours l'époux se trouvait plus favorisé que les étrangers: quand on a changé la quotité disponible, eu égard au nombre des enfants, on n'a pas pu changer ainsi de système à l'égard des époux sans en

(94)

prévenir; ils sont d'ailleurs si maltraités, et dans la succession ab intestat, et par notre régime légal du mariage qui a supprimé le douaire, l'augment de dot, etc., que l'on ne doit pas défendre de les traiter aussi bien que les étrangers. BENECH, *De la quotité disponible entre époux,* pages 106 à 184. *Article de* M. VALETTE *dans* LE DROIT du 11 mars 1846. ZACHARIÆ, § 689 et note 5.

Quelque puissants que soient ces arguments, ils ne paraissent pas de nature à détruire l'opinion commune.

Observons d'abord qu'il est inexact de comparer la faculté de disposer dans de certaines limites avec la capacité : ce sont deux choses qui n'ont pas le moindre rapport. Nous verrons plus loin des questions de capacité, tandis qu'ici il est question de disponibilité, rien de plus. Si, en effet, il s'agissait de capacité, un testament fait par l'un des conjoints, pendant qu'il a des enfants, ne vaudrait que pour la quotité disponible de l'art. 1094, quand même ses enfants viendraient plus tard à mourir, et le reste serait dans la succession ab intestat : il faudrait en dire de même de toute espèce de testament fait par une personne ayant des réservataires au moment de la confection de son testament. Cette seule observation suffirait pour faire tomber tous les arguments de texte que l'on fait valoir ici, n'était l'emploi du mot *pourra* seul dans l'art. 1094; tandis que, dans les art. 913 et 1098, ce mot est précédé de la négative. Or c'est précisément parce que l'art. 1094 dit *pourra donner,* que s'élève la question : on ne peut donc guère se servir de ces expressions mêmes pour la décider. De plus, du moment que le législateur dit que l'on *pourra donner,* cela ne veut-il pas dire que l'on *ne pourra pas donner davantage?* Si, dans l'art. 913, il avait été dit *les libéralités pourront être de moitié,* n'aurait-on pas entendu cela comme signifiant que les libéralités ne peuvent pas dépasser le taux qu'il a fixé? Ajoutons que, s'il est vrai que les art. 913 et suivants ont pour but de fixer d'une manière générale la quotité disponible entre toutes personnes, ils ne l'ont fait que sous la réserve des exceptions qui pourraient intervenir; et le chapitre IX du titre *des Donations,* étant spécial aux donations entre époux, la disposition qu'il contient quant à la quotité disponible entre eux, doit être entendue comme étant une règle particulière dérogeant à la règle générale.

Ce n'est donc que sur les arguments tirés de la rédaction de ces articles que l'on peut s'appuyer. Les faits matériels que nous avons énoncés sont exacts, nous n'en contestons que les conséquences.

Et d'abord, il est vrai que le projet Jacqueminot, depuis présenté au conseil d'État pour devenir le Code civil (du moins dans cette partie), favorisait plus le conjoint que l'étranger. Cela résulte évidemment de la comparaison des art. XVI et CLI. Mais cela n'est vrai que pour ce projet; on n'entendait nullement, par un simple projet, s'enchaîner pour l'avenir, et ne pas adopter un autre système, fût-il aussi opposé que possible à celui-ci; il en était ainsi parce que la quotité que l'on pouvait donner à un étranger était assez faible, et qu'il fallait que l'époux survivant ne passât pas brusquement de la fortune à un état beaucoup moins brillant. La différence de rédaction entre les deux paragraphes de l'article montr bien que l'intention des rédacteurs a été de mettre la quotité disponible entre conjoints à l'abri de tous changements qui pourraient survenir ultérieurement à cet égard; car dans cet art. 1094 (CLI du projet Jacqueminot), le premier paragraphe permet de donner tout ce dont on pourrait disposer en faveur d'un étranger, le second parle du quart en propriété et du quart en usufruit: s'il avait entendu par là que, dans ce cas, on pouvait également donner ce dont on pouvait disposer en faveur d'un étranger, c'eût été une singulière idée que de répéter deux fois la même chose dans deux paragraphes consécutifs, et seulement dans des termes différents; tandis qu'il eût été beaucoup plus simple de dire, à la suite du paragraphe 1, que, dans le cas où il y aurait des enfants, on ne pourrait donner qu'un quart en usufruit en sus du quart en pleine propriété.

Quant à l'argument que l'on tire de l'adoption de l'amendement présenté par M. Berlier, et de l'emploi des mots *dans tous les cas* dans l'art. 1098, il n'est pas besoin d'aller chercher si loin pour les expliquer, car ils peuvent parfaitement être entendus, en admettant que l'art. 1094 parle d'une quotité fixe; on aurait pu dire qu'il y avait une sorte d'aléat dans la position du second conjoint, et que, s'il était exposé à avoir une part fort minime dans le cas où il y aurait un grand nombre d'enfants du premier mariage, d'un autre côté il pouvait être juste qu'il eût une part plus considérable s'il n'y en avait eu qu'un ou deux. Cette chance existait dans l'ancien Droit, et cela suffit encore pour expliquer l'amendement qui a voulu l'enlever, pour que le second conjoint ne pût pas se trouver dans une meilleure position que le premier. Mais il n'a été question que du cas où il y aurait eu des enfants d'un mariage précédent. Si le second conjoint avait pu avoir le tiers en concours avec deux enfants du premier lit, à plus forte raison aurait-il dû l'avoir quand il y avait un enfant du premier lit, et un du second : et cependant M. Berlier a bien soin d'ajouter *et point du second;* c'est qu'il a entendu par là que le second conjoint, venant en concours avec deux enfants, dont l'un était le sien, ne pouvait pas avoir le tiers; c'est-à-dire autant qu'un étranger.

Quant au changement proposé par le Tribunat, les motifs qu'il en avait donnés montrent assez clairement que l'on voulait introduire un droit nouveau, et non éclaircir la pensée de la première rédaction. La section trouvait cela juste; elle pensait donc que ce qui était proposé dans le Code ne l'était pas: ce motif ne fut probablement pas admis, car l'article est resté tel qu'il était dans le projet primitif, et il est peu à supposer que l'attention du conseil d'État n'ait pas été appelée là-dessus par l'observation qui lui était faite. Ce qui prouve même que l'on a entendu ainsi le rejet de la proposition du Tribunat, c'est que M. Jaubert, chargé de faire le Rapport, au nom de la section qui avait proposé le changement, présenta l'article 1094, § 2, comme renfermant une quotité invariable : « S'il reste des enfants du mariage, l'époux ne peut avoir qu'un quart en propriété, et un autre quart en usufruit, ou la moitié de tous les biens en usufruit seulement ; si la disposition avait excédé ces bornes, elle serait réduite proportionnellement. » M. Bigot-Préameneu, dans l'exposé des motifs, tient un langage semblable.

Il est, dit-on, absurde que l'on ne puisse donner à son conjoint autant que l'on peut donner à un étranger. Nous répondrons que cela n'est pas parfaitement vrai, et la raison en est donnée par Vinnius sur le *pr. II, quibus alienare licet, vel non, 2, 8. Quod igitur facilius mulier concessura erat, arctius lex, imo solum prohibere voluit ; uti passim videmus ea sola legibus prohiberi, quæ facile fieri possunt, cum lex ea fieri non qvult, non uæ difficulter.* Les lois restreignent souvent d'une manière plus sévère ce qu'elles croient que l'on fera plus facilement ; c'est ainsi que la loi Julia, qui permettait de vendre, mais non d'hypothéquer le fonds dotal, le SC. Velléien, la loi Furia Caninia étaient des applications de cette règle : nous en trouvons ici une de plus. La loi ne craint pas le cas où un père, ayant un enfant, donnerait la moitié de ses biens en pleine propriété à un étranger ; on n'y arrivera que quand l'enfant aura mérité l'exhérédation. Mais si la loi ne craint pas beaucoup ces donations, elle doit craindre celles entre époux, qui sont au contraire très-fréquentes ; elle veut les réduire dans des limites plus étroites : l'idée de la loi est raisonnable par la crainte de l'abus que l'on ferait de pa-

7

reilles donations au préjudice des enfants ; elle ne les redoute pas au profit d'étrangers.

Mais cela n'explique pas pourquoi la quotité est fixe, et cependant il y en a une raison, et si bien que, dans ce cas, l'idée contraire à l'art. 913 n'est nullement déraisonnable. Il y avait peut-être de graves raisons d'augmenter la quotité disponible au profit du conjoint, à proportion de l'augmentation du nombre des enfants: plus il y a d'enfants, et plus, en général, les liens du mariage sont resserrés entre époux, et plus il y a de raisons de donner au survivant, car il songera moins à un second mariage; cette donation ne sera qu'une sorte de dépôt entre ses mains, au moyen duquel il pourra réparer les inégalités de fortune qui existeraient entre les enfants: il est naturel que, dans ce cas, le survivant soit plus favorisé que l'étranger. La loi n'a pas été jusqu'à augmenter la quotité disponible avec le nombre des enfants, et elle a bien fait; mais elle a établi une quotité fixe.

Au contraire, quand il n'y a qu'un enfant, le mariage a le plus souvent peu duré; le conjoint survivant sera plus facilement entraîné à un second mariage, rendu plus facile par la fortune qu'on lui verra : il est donc important de n'en faire sortir des mains de l'enfant que le moins possible. De plus, la loi a voulu éviter, dans cette matière, que l'intérêt pécuniaire se glissât dans le sein du ménage, et que la survenance ou la perte d'un enfant vînt apporter l'idée d'une augmentation ou d'une diminution de quotité disponible. Le législateur a donc bien fait de prohiber toute variation sur ce point. DELVINCOURT, II. p. 65. TOULLIER, V. 869. DURANTON, IX. 787. GUILHON, 259. MARCADÉ, *Sur l'art.* 1094, n° I. *Rapport de* M. FAURE, S. XLV. 1, 276. Riom, 8 mars 1842; Montpellier, 8 février 1843 ; *Rejet,* 3 décembre 1841.

Art. IV. — *De la quotité disponible entre époux, quand il y a des enfants issus d'un précédent mariage.*

Dans ce cas, qui est celui de l'art. 1098, la quotité disponible au profit du conjoint est moindre que celle au profit d'un étranger. L'art. 1098 s'exprime ainsi : « L'homme ou la femme qui, ayant des enfants d'un » autre lit, contractera un second ou subséquent mariage, » ne pourra donner à son nouvel époux qu'une part d'en- » fant légitime le moins prenant, et sans que, dans aucun » cas, ces donations puissent excéder le quart des biens. »

Si le donateur laisse un ou plusieurs enfants ou descen- dants, nés ou conçus d'un mariage antérieur, l'expérience fait comprendre qu'il faut imposer à ces libéralités nou- velles une limite que l'affection pour le second conjoint sera trop disposée à dépasser.

La loi parle des *enfants ;* mais cela doit s'entendre de tous descendants, nés ou conçus.

Un attachement trop fort pour le nouveau conjoint peut faire oublier les bornes raisonnables, et, loin de rendre aux enfants ce qu'ils ont perdu, leur faire perdre l'affection de celui qui reste : les enfants seraient dans un état pire que celui de véritables orphelins : c'est pour cela que le législateur favorise peu les seconds mariages. Le Droit ca- nonique refuse les ordres sacrés à ceux qui sont veufs en secondes noces (Ann. Corvini, *Jur. canon.*, lib. II, tit. xviii); le Code civil prononce quelques déchéances; art. 381, 386, 395, 396, etc.

En Droit romain, les constitutions des empereurs per- mirent de donner au second conjoint une part d'enfant le moins prenant, *l. 6. C. de secundis nuptiis*, 5, 9 ; et si le prédécédé avait fait des donations au conjoint survi- vant, ces donations, de quelque manière qu'elles eussent été faites, se transformaient en une sorte de substitu- tion entre les mains de ce dernier : les aliénations qu'il

7.

en avait faites étaient bien valables à l'égard des acquéreurs, mais il devait rembourser de ses propres deniers
les valeurs ainsi aliénées, *l. 2. C. Th.*, *de secundis
nuptiïs*, 3, 8; *ll. 3. 5, C. eod.* 5, 9; Nov. II, cap. II;
Nov. XXII, cap. XXIII-XXVII.

Il est probable que ces règles furent celles de notre ancien Droit français : on crut cependant utile de les renou-
veler d'une manière expresse par l'édit de juillet 1560,
connu sous le nom d'*édit des secondes noces*. Le premier
chef défendait que la femme pût donner à ses nouveaux
maris plus qu'une part d'enfant le moins prenant; toute
donation supérieure était réductible à ce taux. Par le second chef, les biens donnés par le premier conjoint étaient
frappés de substitution au profit des enfants nés du premier
mariage. L'art. 279 de la coutume de Paris défendait, en
outre, à la femme de disposer des conquêts faits avec son
premier mari au préjudice des enfants du premier mariage;
mais il appelait tous les enfants de la femme à y prendre
part dans la succession ab intestat.

L'édit des secondes noces et l'art. 279 de la coutume de
Paris ne parlaient que des *femmes;* mais la jurisprudence
trouva que les mêmes motifs s'appliquaient aux hommes,
et leur appliqua l'édit (POTHIER, *Traité du Contrat de
mariage*, n° 537) : c'était peut être une interprétation
hardie. Le Code a tranché la difficulté en disant *l'homme
ou la femme.*

Le projet du Code civil, art. CLXXVI, établissait une prohibition d'aliéner, à titre gratuit ou onéreux, les immeubles que le conjoint survivant aurait recueillis de ses précédents époux (§ 2).

Cette disposition fut retranchée, parce qu'elle ne pouvait
être utile qu'autant que les biens dont il était défendu de
disposer eussent été réservés, comme dans l'édit, aux enfants nés du conjoint qui avait fait la libéralité. Il eût été
un peu contradictoire d'admettre cette règle en présence

des dispositions des art. 1048 et suivants, sur les substitutions : le Code est donc, sur ce point, moins sévère que le Droit romain et que l'ancien Droit.

Mais il paraît plus sévère en ce qu'il défend de jamais donner plus du quart des biens, quand même le nombre des enfants serait inférieur à trois ; autrement, s'il n'y avait eu qu'un enfant du premier lit, et pas du second, comme une part d'enfant est de moitié, on aurait pu la donner à son conjoint ; mais l'art. 1098 va plus loin, en fixant le maximum invariable du quart. Le projet (§ 1) fixait cette quotité à une part d'enfant en usufruit seulement : ce fut, ainsi que nous l'avons vu, sur la proposition de Cambacérès et de Berlier, que la quotité disponible fut réduite, dans ce cas, au quart des biens, mais avec faculté de la donner en toute propriété. Il fallait, en effet, être plus sévère que dans d'autres circonstances : la loi ne se défie pas des libéralités qui donneraient à un étranger la moitié des biens ; elle s'en défie à l'égard du conjoint parce qu'elles seraient plus fréquentes.

Mais, après avoir donné le quart au second conjoint, le surplus de la portion disponible peut être donné à un étranger.

Il n'est nullement défendu, quand une femme n'a pas fait de donation à son second mari, de donner à un troisième.

Si la femme a donné à son second et à son troisième mari, le texte de l'édit était entendu dans un sens collectif, c'est-à-dire comme défendant de donner plus d'une part d'enfant à tous les seconds, troisièmes, etc., maris ou femmes ensemble : on ne pouvait donner au troisième que la différence entre ce que l'on avait donné au second et la part d'enfant qu'on aurait pu lui donner, et l'on s'appuyait sur ces mots de l'édit *à leurs nouveaux maris* (POTHIER, *op. cit.*, n° 538). Au lieu de ces mots, on trouve dans l'art. 1098, ceux *à son nouvel époux*. De là quelques personnes ont conclu qu'il fallait entendre l'art. 1098 dans un sens distributif; que les mots *à son nouvel époux* signifient *à chacun de ses nouveaux époux;* et que, pourvu qu'en faisant le total de ces dispositions, on ne dépasse pas la quotité disponible de l'art. 913, on pourra donner à chacun d'eux une part d'enfant le moins prenant : les mots de la fin de l'article, *ces donations,* doivent alors être entendus comme signifiant *chacune de ces donations* (DURANTON, IX. 804). Mais cette interprétation des mots *ces donations* n'est pas admissible : quel que soit le motif qui les a fait ajouter, on a voulu entendre par là la somme des donations faites soit à un, soit à plusieurs conjoints ultérieurs : le singulier *à son nouvel époux* est mis, parce que l'on n'a pensé qu'au cas le plus ordinaire, où l'on contracte seulement un second mariage. De plus, comment supposer que le Code, qui a renchéri sur la sévérité de l'édit, dans le cas d'un second mariage, ait été plus favorable à un troisième ou à un quatrième? et la raison donnée déjà par Vinnius que nous venons de citer, se présente encore ici avec plus de force; l'entraînement qui conduit à contracter un troisième mariage fera dépasser toutes les bornes raisonnables pour les donations. Enfin les rédacteurs du Code avaient connaissance de l'interprétation que l'on donnait à l'édit de 1560; il est peu probable qu'ils aient voulu la changer par une si légère différence de rédaction, sans que, dans la discussion, on retrouve un seul de leurs motifs : ajoutons même que l'exposé des motifs sur l'art. 1098 le présente comme n'ayant fait que maintenir l'ancien Droit sur ce point; *on a maintenu,* dit-il, *cette sage disposition....* TOULLIER, V. 882. GRENIER, II. 712. ZACHARIÆ, § 690 et note 39. MARCADÉ, *Sur l'art.* 1098, n° III.

Tous les avantages quelconques qu'une personne fait à son second conjoint sont sujets à la réduction de l'art. 1098; peu importe que cet avantage résulte d'un acte ayant pour but une libéralité, tel qu'une donation entre-vifs, ou bien d'un testament, ou simplement du contrat de mariage, art. 1099, § 1.

Quant aux donations avec charges, on ne considérera que ce qui excède la valeur des charges, car c'est de cela seulement que le donataire a profité.

De même, dans le cas de donations rémunératoires, à moins qu'il ne s'agisse de services appréciables à prix d'argent, et pour lesquels le donataire aurait eu une action, si on ne lui avait pas fait de libéralité, la réduction n'aura lieu que pour ce qui excède la juste récompense des services rendus. POTHIER, *Traité du Contrat de mariage*, n°s 544, 545.

De même aussi, des donations faites avant le mariage, s'il est prouvé que ces donations ont été faites en vue du mariage : mais il n'y a nulle présomption en ce sens ; elle serait plutôt en sens contraire, de sorte que, dans l'instance, le conjoint aurait la position de défendeur. POTHIER, *op. cit.*, n° 548. TOULLIER, V. 876.

Que l'avantage indirect résulte de la stipulation expresse d'un régime, ou bien de la stipulation tacite du régime de la communauté légale, les avantages qui pourraient en résulter seraient sujets à réduction (1496, § 2 ; 1527, § 3), car on ne s'attache pas au but de la disposition convenue entre les parties, mais seulement à ses effets.

C'est ainsi que l'on devra réduire l'avantage résultant de ce que les successions mobilières tombent dans la communauté, parce qu'elles grossissent la masse à partager. DURANTON, IX. 807.

Quand la communauté est formée des bénéfices résultant des travaux communs et des économies faites sur les revenus propres des époux, quand même la totalité viendrait du chef de l'un d'eux, le partage par moitié ne donne pas lieu à l'action en réduction ; mais si celui qui n'a rien apporté prenait plus que la moitié, on pourrait y voir un avantage indirect, et, en conséquence, le réduire. TOULLIER, V. 399. DURANTON, IX. 810. *Cass.*, 24 mai 1808.

On réduira de même la somme promise pour forfait de communauté; car, bien que la femme qui l'a stipulé coure la chance d'avoir plus ou moins que sa part réelle dans la communauté, cependant on pourrait arriver à violer ouvertement la loi en stipulant des forfaits de communauté excessifs. POTHIER, *op. cit.*, n° 556.

Mais il faut remarquer que l'avantage, soit stipulé dans le contrat de mariage, soit résultant de ce contrat ou de l'adoption du régime de la communauté légale, ne sera réduit que balance faite de toutes les clauses du contrat de mariage : si, d'un côté, il y a eu avantage, mais que, d'un autre, il y ait eu perte, ce ne sera que la différence qui sera considérée comme libéralité, et qui sera réduite. ZACHARIÆ, § 690.

Les mots *une part d'enfant le moins prenant*, ne doivent pas être entendus de ce qu'en fait un des enfants peut prendre dans la succession, quand même il aurait droit à plus.

Les enfants prennent tous également lorsque le *de cujus* ne profite pas du droit que lui donne la loi de faire des libéralités, soit à l'un d'eux, soit à un étranger. Lorsqu'il a usé de ce droit, les autres enfants se trouvent réduits à une portion moindre que celle qui leur fût revenue ab intestat. La part du second conjoint sera donc calculée, non sur la part de l'enfant à qui le *de cujus* a fait des dispositions par préciput, mais sur la part de celui qui se trouve avoir le moins : disposition qui aura peut-être pour effet d'empêcher le père d'avantager l'un de ses enfants; mais on ne doit pas avoir plus d'affection pour un second conjoint que pour ses enfants.

Les renonçants ou les indignes ne devront pas compter pour le calcul. Les descendants des prédécédés compteront pour celui qu'ils représentent, quand même il eût été seul enfant du donateur. Lorsque le nombre des enfants aura été ainsi fixé, on comptera le conjoint comme un enfant, et il partagera avec eux, parce qu'il ne doit avoir ni plus ni moins que le moins prenant d'entre eux: ainsi, s'il y a six enfants, le conjoint aura un septième. La donation faite à un étranger, ou par préciput à l'un des enfants, sera d'abord déduite, et c'est le reste que l'on partagera comme nous venons de le voir.

S'il y a un enfant naturel, on opérera de même : car la loi faisant venir, quand il y a plus de trois enfants, le conjoint pour une part égale à celle d'un enfant légitime, a certainement voulu que la réduction, provenant de la présence de ce nouveau copartageant, frappât également sur tous, aussi bien sur l'enfant naturel que sur les enfants légitimes. Si l'enfant naturel devait prendre sa part avant le partage avec le conjoint donataire, elle serait calculée, dans l'exemple que nous avons donné, comme s'il était en concours avec six enfants, tandis qu'en réalité, il y a sept personnes ayant le même droit sur la succession : dans le premier cas, il aurait un vingt et unième ; dans le second, un vingt-quatrième. Que le donataire soit le conjoint, ou un étranger, l'enfant naturel doit subir une réduction proportionnelle : ce qui n'aurait pas lieu, s'il prélevait sa part, telle qu'elle est fixée par l'art. 757, pour la faire supporter proportionnellement au second conjoint et aux enfants légitimes ; car il ne doit pas avoir autant quand il partage avec les enfants légitimes plus un conjoint donataire, que quand il partage avec des enfants légitimes seulement. *Voir cependant* sur ce point ZACHARIÆ, § 690 et note 31.

Lorsqu'il y a trois enfants légitimes, le conjoint peut avoir un quart ; mais s'il y a en outre des enfants naturels, comme leur présence diminue la part des enfants légitimes, la part du conjoint donataire sera aussi diminuée par contre-coup.

S'il y a moins de trois enfants légitimes, quel que soit le nombre des enfants naturels, et quel que soit le mode de calculer leur part héréditaire, tant que, par l'effet d'un partage fait avec les enfants légitimes et le conjoint compté comme un enfant légitime, les premiers auront plus du quart de la succession, le conjoint prendra un quart; mais dès que leur part sera inférieure, aux termes de l'art. 1098, la sienne ne pourra la surpasser. Duranton, IX. 802.

Le conjoint donataire peut, comme tout donataire, demander le rapport fictif de l'art. 922, ou en profiter : ce n'est pas d'un rapport proprement dit qu'il s'agit; on détermine plutôt la masse des biens sur laquelle il a un droit. Et d'ailleurs, s'il ne pouvait le faire, il dépendrait de son conjoint de réduire à rien la libéralité qu'il lui aurait faite, par de simples dispositions en avancement d'hoirie au profit de l'un des enfants. Zachariæ, § 690 et note 32; Paris, 20 février 1809.

Le second conjoint prendra sa part dans les biens qui auraient été retranchés si la donation qu'on lui avait faite avait été excessive, parce que, sous le Code civil, comme sous l'édit, l'intention du législateur est que le second conjoint ne puisse avoir plus d'une part d'enfant; et s'il ne prenait pas sa part dans les biens retranchés, il se trouverait avoir moins, ce qui serait aller contre l'intention du donateur. La question avait été controversée dans l'ancien Droit, car la *l. hac edictali, 6. C. de secundis nuptiis,* 5, 6, et la Nov. XII, chap. XXVIII, décidaient positivement en sens contraire (Pothier, *op. cit.,* n° 594); mais cette raison de douter n'existe plus aujourd'hui.

La réduction des donations faites au second conjoint étant surtout dans l'intérêt des enfants du premier lit, si tous sont prédécédés sans laisser de descendants, la donation vaudra dans les termes de l'art. 1094. Il faudra qu'il reste quelque descendant issu des précédents mariages; mais ceux-ci devront accepter la succession qui leur est déférée, être héritiers, pour pouvoir profiter de la réduction; s'ils renoncent ou sont indignes, ils n'y auront aucun droit. Pothier (*op. cit.,* n°s 568, 590) décidait avec les anciens auteurs, que, même dans les pays de coutumes, où,

pour avoir droit à demander la légitime il fallait être héritier, il n'était pas nécessaire de venir à la succession pour
avoir droit aux biens ainsi retranchés, parce que c'était en
vertu de l'édit qu'on y avait droit, et non en vertu de la
loi sur les successions ; que la révocation n'était qu'une
nullité relative qui avait lieu en faveur des enfants, et
que la propriété des biens étant transférée à l'époux, comme
ils ne se trouvaient plus dans la succession, l'enfant pouvait agir en vertu de l'édit, quel que fût du reste le parti
qu'il prendrait quant à la succession.

Mais cette opinion n'est plus soutenable, car l'art. 1098
pose bien une règle spéciale pour calculer la quotité disponible entre époux ayant des enfants d'un précédent mariage ; mais dans le chapitre où cet article est placé, on
ne trouve de règles que pour le calcul de cette quotité :
par cela même, on s'en réfère pour le reste aux règles
générales écrites dans les art. 913 à 930, et nous avons
vu qu'une de ces règles est que, pour figurer dans les calculs
relatifs à la réserve, il faut être héritier. Pothier lui-même
décidait que l'enfant exhérédé ne devait avoir aucun droit
(569) ; et quant à la raison que les biens donnés étaient sortis de la succession, elle prouvait trop, parce qu'elle s'applique à toutes les dispositions par donations entre-vifs.
Toullier, V. 880. Duranton, IX. 818. Zachariæ, § 690,
note 34.

Par conséquent, les enfants ne pourront demander la
réduction sans faire acte d'héritier. Ce sera donc une action héréditaire qui devra être intentée au lieu où la succession s'est ouverte.

Les biens ainsi retranchés rentrent dans la succession ab
intestat ; les enfants du second mariage y auront un droit
ouvert par la seule existence de ceux du premier. De là suit
que, quand même ceux-ci ne voudraient pas faire usage du
droit de révocation qui existe pour eux, les premiers
pourraient agir, parce que leur droit s'est ouvert, et que,

par suite des arrangements qu'ils prendraient avec le conjoint donataire, ils ne peuvent en paralyser l'exercice : ils peuvent bien renoncer à la part qui leur reviendrait dans ce cas, mais non préjudicier par leur renonciation aux enfants du premier lit. *l.* 3, § 11; *l.* 10, § 6. *ff. de bonorum poss. contr. tab.* 37, 4. POTHIER, *op. cit.,* n° 567.

Au contraire, si les enfants du premier lit renoncent à la succession, comme ils lui deviennent étrangers, et qu'ils n'ont jamais pu exercer le droit de révocation de l'art. 1098, les enfants du second lit ne le pourront pas davantage, attendu que le droit ne s'est jamais ouvert pour eux, sauf la preuve de la fraude, art. 788.

L'un des conjoints, au lieu de donner à l'autre un corps certain ou une somme déterminée, a pu lui faire donation d'*une part d'enfant.* Tant qu'il y aura des enfants de ce mariage ou d'un mariage précédent, la portion disponible augmentera ou diminuera avec le nombre des enfants dans les limites de l'art. 1098.

Si tous les enfants sont prédécédés, quelle sera cette part? Lebrun pensait qu'elle devait être de la totalité des biens, parce que, dans ce cas, s'il n'y avait qu'un enfant, il prendrait tout; mais c'est peu conforme à une interprétation judicieuse de la volonté du disposant qui s'est servi du mot *part;* la partie n'indique pas le tout : le disposant ne songeait pas à la perte de ses enfants. Ricard (n° 1281), dont l'avis avait été suivi par Pothier (*op. cit.,* n° 598), pensait, en se fondant sur la *l.* 164, § 1. *ff. de V.S.* 50, 16, que le mot *part* devait s'entendre de la moitié, quand rien ne faisait supposer le contraire.

Sous le Code civil, il est plus raisonnable d'évaluer cette partie au quart, parce que, quand la donation a été faite, le donateur ne pouvait pas donner davantage : son intention n'a pas été de contrevenir à la loi. Peut-être faudrait-il décider de même, quand la mort ou la renonciation des enfants du premier lit met le conjoint en concours avec un ou deux enfants du second. Le donateur n'a pas pu prévoir cette circonstance ; il n'a voulu donner que ce que la loi lui permettait de donner. Toullier, V. 887. Duranton, IX. 824. Zachariæ, § 690 et note 41.

Le tout, si une intention contraire ne résulte pas évidemment de l'acte de libéralité.

Cette donation *de part d'enfant* sera caduque par le prédécès du donataire, parce que c'est une donation d'une part dans la succession, et que la succession ne peut exister qu'au jour de la mort du donateur. Pothier, *op. cit.*, n° 595.

On pensait autrefois qu'il y avait dans ce cas substitution vulgaire au profit des enfants nés du mariage avec le donataire : cependant Pothier conseillait (n° 596) de l'exprimer, vu le peu de faveur avec lequel on regardait les donations de part d'enfant. Aujourd'hui, en présence de l'art. 1093, il serait nécessaire de stipuler cette substitution. Toullier, V. 890. Duranton, IX. 826. 827.

Art. V. — *De la nullité des libéralités déguisées ou faites à personnes interposées.*

La loi réduisant les donations inofficieuses comme présumées ne pas être la volonté réelle du *de cujus,* on conçoit que, de quelque déguisement que l'on s'entoure, la réserve doit être respectée ; et, plus on prendra de précautions, plus on mettra de soin à se cacher, plus la loi suspectera les dispositions ainsi faites, et plus il y aura de raisons de les réduire.

Telle est, en effet, la décision de l'art. 1099 : « Les » époux ne pourront se donner indirectement au delà de ce » qui leur est permis par les dispositions ci-dessus.

» Toute donation, ou déguisée, ou faite à personnes in- » terposées, sera nulle. »

On entend par *avantage indirect,* tout avantage résultant nécessairement d'un contrat formé de bonne foi entre les parties, dans le but de lui faire produire un effet autre que cet avantage : tels sont ceux résultant entre époux des clauses de leur contrat de mariage (1496, § 2; 1527, § 3); ceux qui peuvent résulter d'une vente loyalement faite entre époux (1595, *in fine*); les conventions et associations qui peuvent intervenir entre le *de cujus* et ses successibles (853, 854). Tous avantages indirects sont soumis au rapport (843), sauf les cas où ils en sont dispensés expressément (853, 854, 918, etc.)

On entend par *donation déguisée* un acte qui, dans le but de faire une libéralité, emprunte la forme d'un acte à titre onéreux.

Enfin, il y a interposition de personnes, quand on fait ostensiblement une libéralité à une personne, qui doit transmettre à une autre ce qu'elle a reçu.

Les libéralités déguisées, ou par personnes interposées, faites à des personnes incapables de recevoir sont nulles (911). Quand, au contraire, elles sont faites à personnes capables de recevoir directement, on s'accorde en général à les considérer comme valables : le Droit romain et notre ancien Droit français décidaient également dans ce sens. *Voir ll.* 36. 38. *ff. de contrahenda emptione,* 18. 1; *l.* 46. *ff. locati conducti,* 19. 2; *l. ult. ff. pro donato,* 41. 6; *ll.* 3. 9. *C. de cont. empt.,* 4. 38. Furgole, *Sur l'art.* 1. *de l'ord. de* 1731. Merlin, *Quest.,* v° *Donation,* § V. Toullier, IV. 474. *Rejet,* 25 février 1836, 9 mars 1837, 3 août 1841; Toulouse, 10 janvier 1843, etc.

C'est une question vivement controversée parmi les auteurs et dans la jurisprudence, que de savoir si ces donations sont de plein droit dispensées du rapport : ce n'est pas ici le lieu de la discuter ; mais, que cette dispense existe ou non, il est bien évident que la quotité disponible ne peut pas être dépassée, car on ne peut obtenir plus par des moyens indirects que par des moyens directs.

Les avantages indirects faits par un époux à l'autre, de

quelque manière que ce soit, sont soumis à la réduction (1099, § 1).

Lorsqu'au contraire il s'agit d'une donation déguisée, l'opposition qui existe entre le paragraphe 2 du même article qui en prononce la nullité, et le paragraphe 1 qui prononce une simple réduction, semble introduire une règle plus sévère, en prononçant la nullité complète de toute donation déguisée entre époux. TOULLIER, V. 901.

Cependant quelques personnes ont dit que, si l'on doit admettre que les donations déguisées sont, en général, valables, on ne voit pas pourquoi, entre époux, il n'en serait pas de même, car il y a le même motif pour décider; que d'ailleurs il s'agit là d'une donation indirecte aussi bien que dans le paragraphe 1 de l'article; qu'elle est simplement réductible; et que le paragraphe 2 doit s'interpréter par le premier, en ce sens que la donation déguisée sera nulle au delà de ce que les époux pouvaient se donner par les dispositions des articles précédents. On ajoute que Pothier, dans son *Traité des Donations entre mari et femme* (n°s 78 à 116), en parlant des avantages indirects que les époux peuvent se faire, n'admet pas la distinction que l'on propose entre les avantages indirects et les avantages déguisés; que le Code lui-même, dans les art. 853, 854 et 1595, la repousse; que, même y eût-il répétition entre les deux parties de l'art. 1099, cela vaut encore mieux que l'antinomie qui résulterait des textes de la loi, si, d'une part, on validait la donation déguisée faite à un étranger, et si, de l'autre, on annulait celle faite à un conjoint; qu'enfin ni la *l. hac. edictali, 6. C. de secundis nuptiis,* 5, 9, ni l'édit des secondes noces n'avaient prononcé la peine de nullité, et que l'on ne doit pas penser que les rédacteurs du Code civil aient voulu innover sans que la discussion en indique rien. DURANTON, IX. 831. COIN-DELISLE, *Sur l'art.* 1099, n°s 14 à 26.

S'il est vrai que Pothier confonde les avantages indirects avec les avantages déguisés, cela ne peut être une raison pour trouver subtile la distinction que nous avons proposée, et qui nous paraît résulter du texte même du Code; car, dans les art. 853, 854, 1595 que l'on cite dans l'opinion adverse, il s'agit précisément d'avantages indirects, résultant d'actes faits sans fraude, et dans un tout autre but que celui de procurer ces avantages (*Add.,* 1496. 1527). S'il en était ainsi, on ne comprendrait guère comment l'art. 1099, après avoir déclaré ces avantages réductibles dans le paragraphe 1, les déclarerait nuls pour ce qui excède la quotité disponible dans le paragraphe 2; cela était parfaitement inutile, et ce serait prêter bien peu de réflexion au législateur, que de lui faire ainsi répéter deux fois de suite la même chose. Ajoutons que si la loi n'annulait pas les donations déguisées entre époux, il deviendrait fort difficile d'expliquer l'art. 1403, § 2, et les premiers mots de l'art. 1595 qui défendent d'une manière générale le contrat de vente entre époux. En effet, la prohibition de la vente entre époux repose sur la crainte qu'ils ne se fassent quelque avantage, et cependant il y a nullité, quand les époux se trouvent en dehors de l'un des trois cas indiqués par l'article 1595 : cela est surtout sensible pour l'art. 1403, § 2. où il est question de coupes de bois que le mari aurait négligé de faire faire sur les biens de la femme, car il s'agit dans ce cas d'avantages faits avec des revenus qui seront loin d'atteindre la quotité disponible, et pour lesquels il sera dû récompense.

L'antithèse que font ces dispositions avec les art. 1496 et 1527, où il est question d'avantages indirects résultant de conventions qui avaient un but autre que de les procurer, et qui n'ont produit d'avantages que par la force des choses, prouve que, dans les cas où la loi pose une prohibition absolue, c'est qu'elle entend annuler pour le tout les donations déguisées.

Quant à la prétendue antinomie qui résulterait de ces décisions, elle serait tout au plus dans les arrêts de la Cour de Cassation, et le reproche n'est guère mérité ; car ici il s'agit d'un genre de libéralité très-fréquent, plus fréquent que celles faites à des étrangers, et par cela même beaucoup plus dangereux. Le motif que nous avons tant de fois cité, que la loi prohibe plus sévèrement ce qu'elle pense qu'on fera plus facilement, se présente ici avec une nouvelle force, et ne fait voir aucune contradiction à admettre que, dans les donations ordinaires, le déguisement n'entraîne pas la nullité, tandis qu'entre époux il faut que l'on s'explique franchement, pour enlever au donataire la chance d'être simplement réduit à la portion disponible, si l'on découvre le déguisement.

Quant au Droit romain, s'il est vrai que la *l. hac edictali* ne prononce pas la nullité des donations faites par personnes interposées, la *l.* 38, *ff. de contrahenda emptione*, prononce, entre époux, la nullité de la donation faite par vente simulée. Pothier (*op. cit.,* nos 78 et 94) dit positivement que de pareilles donations sont nulles, soit dans le for extérieur, soit dans celui de la conscience (*voir* note 1, *Sur l'art.* 280 *de la coutume d'Orléans*) ; et s'il est vrai que les rédacteurs du Code ne se soient pas expliqués sur la question de nullité, en parlant de l'art. 1099, ils l'ont fait de la manière la plus explicite en parlant de l'art. 1595 (*voir* l'*Exposé des motifs,* le *Rapport au Tribunat et* le *Discours au Corps législatif*) : et en admettant même que Pothier n'eût pas dit que ces donations sont nulles, il n'en faudrait tirer aucune conséquence pour l'interprétation du Code ; car M. Berlier, dans l'exposé des motifs du titre *Du contrat de mariage,* sur l'art. 1496, déclare que ce n'est pas dans l'ancien Droit que l'on a été chercher la solution de la question. *Rejet,* 29 mai 1838. ZACHARIÆ, § 690, note 23. MERLIN, *Rép.,* v° *Noces* (secondes), § VII, art. 1, nos 5 et 10.

La preuve du déguisement pourra être faite par tous les

moyens possibles, même par de simples présomptions : la loi en pose quelques-unes.

Il faut distinguer l'interposition de fait et l'interposition de droit. Il y a interposition de fait, quand il est prouvé qu'une personne a reçu une libéralité à la charge de la remettre à une autre personne qui ne pouvait la recevoir directement. Il y a interposition de droit, quand la loi vient au secours des héritiers à réserve par une disposition expresse. Tel est l'art. 1100 : « Seront réputées faites à » personnes interposées, les donations de l'un des époux » aux enfants ou à l'un des enfants de l'autre époux issus » d'un autre mariage, et celles faites par le donateur aux » parents dont l'autre époux sera héritier présomptif au » jour de la donation, encore que ce dernier n'ait point » survécu à son parent donataire. »

Dans l'ancien Droit on n'admettait pas, en général, comme interposées, les personnes dont le conjoint était héritier présomptif. Pothier, *Des donations entre mari et femme,* n° 108.

Le Code reconnaît deux classes de personnes interposées : les enfants du conjoint donataire, nés d'un autre mariage; ceux dont le conjoint serait héritier présomptif au jour de la donation.

Les enfants nés du commun mariage se trouvent en dehors de la prohibition de l'art. 1100, parce que la donation qui leur est faite est censée l'être plutôt en raison de leur qualité d'enfant, que pour éluder la loi; mais les enfants naturels reconnus du conjoint donataire seront réputés personnes interposées : la raison de décider est la même. Duranton, IX. 833, 834.

Ce ne sera qu'en l'absence absolue de réservataires que l'on pourra donner aux enfants du premier conjoint : tant qu'il y en aura, la donation faite à ces enfants sera réputée faite à personnes interposées, et nulle aux termes des art. 1099 et 1100. Pothier, *op. cit.*, n°s 111, 112, 113.

Les ascendants d'un degré plus éloigné que le père ou la mère, et dont, par conséquent, le conjoint ne se trouve pas alors héritier présomptif, étaient considérés par Pothier (*Du contrat de mariage*, n° 539) comme personnes interposées. Les termes de l'art. 1100 ne permettent pas de suivre cette décision; mais la preuve de l'interposition de fait sera plus facilement admissible. Zachariæ, § 690, note 24.

Dès que l'époux est héritier présomptif au jour de la donation, peu importe que, par des événements ultérieurs, il n'hérite pas de la personne à qui la donation a été faite; la présomption de la loi n'en produit pas moins son effet. L'art. 1100 dit bien, *encore que ce dernier n'ait point survécu...*; mais ces mots n'ont été mis là que pour expliquer ceux qui précèdent, et nullement pour en limiter le sens : la loi a statué *de eo quod plerumque fit.* Duranton, IX. 835.

Art. VI. — *Du concours des réserves spéciales des art. 1094 et 1098 avec la réserve de droit commun des art. 913 à 915.*

Il s'élève des difficultés sérieuses lorsque le *de cujus* a fait des dispositions à la fois au profit de son conjoint et d'autres que ce dernier. Trois opinions peuvent se présenter.

Dans une première opinion, on prétend que l'art. 1094 a eu pour but d'étendre l'art. 913, mais de telle manière que le père de famille, après avoir donné tout le disponible de l'art. 913, pourrait encore donner tout celui de l'art. 1094 (Aix, 27 août 1810). D'après ce système, la réserve de l'enfant, quand il n'y en a qu'un, après avoir prélevé la moitié en pleine propriété donnée à un étranger, un quart en propriété et un quart en usufruit, donnés au conjoint, se trouverait réduite à un quart en nue propriété, c'est-à-dire à peu près à rien. Un pareil système serait la négation absolue de toute réserve; aussi cette doctrine a-t-elle été

(116)

universellement réprouvée. *Cass.*, 21 nov. 1842, et la note qui l'accompagne ; S. XLII. 1. 897.

On ne pourrait pas davantage soutenir que ces deux réserves s'excluent ; que le testateur ou le donateur aurait à choisir entre donner à son conjoint, ou donner à un étranger, de sorte qu'après avoir donné à l'un, il ne pourrait plus donner à l'autre. Ce système n'est pas beaucoup plus raisonnable que le précédent ; cependant la jurisprudence de la Cour de Cassation, sur la question de la combinaison des deux quotités, d'après laquelle il faut suivre l'ordre dans lequel les dispositions ont été faites, mènerait indirectement à ce résultat. Nous y reviendrons quand nous traiterons la question.

Cette opinion est aussi consignée dans les considérants d'un arrêt de la cour de Besançon, du 7 février 1840. Mais ce serait mettre le disposant dans une alternative singulière que de lui dire qu'il ne peut disposer qu'en faveur de son conjoint ou d'une autre personne, et l'on ne voit dans la loi aucune raison de lui imposer une telle obligation.

La seule opinion raisonnable est celle qui admet la combinaison des deux quotités ; mais suivant quelles règles ? De graves dissentiments existent à ce sujet entre les auteurs et la jurisprudence.

Un premier principe, sur lequel on est d'accord, est que l'on peut disposer jusqu'à concurrence du plus fort disponible. En effet, du moment que l'on n'admet aucune des deux opinions que nous avons présentées en premier lieu, celle-ci est la seule qui doive être admise.

Le second point est que chaque donataire ou légataire peut recevoir séparément tout le disponible qui existe à son profit : ainsi, une personne qui a un ascendant peut léguer à un étranger les trois quarts de son patrimoine, et à son conjoint l'usufruit du quart restant. En effet, si l'extension de disponible, portée par l'art. 1094, § 1, est toute personnelle à l'époux, de sorte qu'aucun étranger ne puisse en

profiter, on ne peut en conclure que l'époux qui donne à
un étranger la quotité disponible de l'art. 915, et à son conjoint survivant l'usufruit de la réserve de l'ascendant, fasse
profiter l'étranger de l'extension de disponible de l'art. 1094,
§ 1, puisque cet étranger ne recueille que le disponible de
l'art. 915 ; peu importe d'ailleurs à l'ascendant la manière
dont la distribution de la quotité disponible a été faite,
pourvu que chaque donataire n'ait que ce qui lui revient,
puisque le conjoint aurait pu tout donner au conjoint survivant, et que, par l'effet de cette disposition, l'ascendant
aurait été, aussi bien que par l'autre, privé de l'usufruit de
sa réserve.

Enfin, si l'intention du législateur avait été qu'on ne pût
disposer au profit de son conjoint de l'excédant admis
en sa faveur, qu'après lui avoir donné le disponible ordinaire, il n'aurait pas manqué de l'exprimer ; mais admettre
cette restriction par voie d'interprétation, serait ajouter au
texte des art. 915 et 1094 une chose qui n'y est nullement
indiquée. *Rejet,* 3 janvier 1826 ; 18 novembre 1840.

Mais l'application de ces principes aux descendants donne
lieu à de vives controverses. La Cour de Cassation pense que
l'on doit tenir compte de l'ordre chronologique dans lequel
les dispositions ont été faites. Cette opinion, appuyée sur
un nombre considérable d'arrêts, doit donc être examinée
attentivement, quoiqu'au premier abord il semble que l'ordre chronologique n'ait absolument rien à faire ici.

Pour mettre un peu d'ordre dans cette discussion, nous
devons examiner les questions suivantes :

1°. La donation faite à l'étranger précède celle faite au
conjoint ;

2°. Les deux donations sont faites dans le même acte ;

3°. Une donation d'une moitié en usufruit a été faite au
conjoint, peut-on ensuite donner un quart en nue propriété
à un étranger ?

4°. Une donation d'un quart en pleine propriété a été faite au conjoint, peut-on ensuite donner un quart en usufruit à un étranger (1)?

Dans tous ces cas, nous supposons les deux donations, ou au moins la première faite par acte irrévocable, ou toutes les deux faites par actes révocables, tels qu'un testament, une institution contractuelle, ou une donation faite dans les termes de l'art. 1086. Nous devrons donc voir ensuite ce qui arriverait si la première donation était faite par un acte révocable, et la seconde par un acte irrévocable.

Nous parlerons enfin de la question, beaucoup moins difficile, du concours des art. 913 et 915 avec l'art. 1098.

1. *La donation faite à l'étranger précède celle faite au conjoint.*

Ce cas ne peut présenter aucune espèce de difficulté. Les réservataires ne peuvent pas se plaindre, puisqu'on ne donne pas plus que l'on n'était en droit de donner; on aurait pu tout donner au conjoint, et l'étranger ne profite pas de l'extension de disponible, puisque cette extension, créée en faveur de l'époux, ne lui a été donnée que quand le disponible ordinaire avait déjà été épuisé; et la donation faite au conjoint devant être réduite la première, il faudra nécessairement se régler d'après la quotité disponible entre époux, et non d'après celle à l'égard des étrangers, de sorte que la dernière libéralité ne sera réduite que quand la somme de toutes deux excédera le disponible de l'art. 1094, § 2.

---

(1) Dans cette discussion nous supposerons toujours qu'il y a trois enfants, ce qui était le fait dans les cas où la jurisprudence a statué sur la question; mais ce que nous dirons pour ce cas devra être décidé de même pour les autres, seulement avec un disponible plus fort en faveur de l'étranger.

(119)

2. *Les deux libéralités sont faites dans le même acte.*

Quelques personnes soutiennent que, dans ce cas, le concours ne peut avoir lieu : car, dit-on, ce serait faire profiter les légataires ou donataires de l'excédant de disponible introduit par l'art. 1094, uniquement en faveur de l'époux; que, si l'on admettait la possibilité de donner le plus fort disponible, le conjoint pourrait, même en ne donnant rien au conjoint survivant, donner la quotité disponible maximum à un étranger, ce qui serait contraire aux dispositions des art. 913 et 915; enfin que les libéralités des art. 913 et 1094 ne peuvent jamais, et d'aucune manière, être cumulées, sans entamer la réserve légale. DURANTON, IX. 786. Aix, 18 juillet 1836.

Mais l'opinion contraire prévaut, et avec raison : on ne peut pas dire que, du moment que l'étranger recueille ce que les art. 913 et 915 lui permettent de recevoir, il profite de l'extension de disponible que l'art. 1094 permet de donner à l'époux; car le sort de ces deux dispositions restera entièrement séparé : peu importe à l'étranger ce qu'on donne à l'époux; et quand même on ne lui donnerait rien, il est indifférent que l'époux survive, on n'a jamais pu donner à l'étranger que la quotité de l'art. 1094, moins ce qui peut être donné en sus à l'époux : doit-on en conclure qu'on puisse tout lui donner par le seul effet de cette survivance? Ce serait nier le principe de la séparation des quotités disponibles, que nous avons établi précédemment.

On ne porte pas par là la moindre atteinte à la réserve légale, pas plus quand on divise la quotité disponible entre un étranger et l'époux, que quand on la donne tout entière à l'époux : on y porterait bien atteinte s'il fallait admettre le système de la cour d'Aix en 1810; mais ce n'est pas de cela qu'il est ici question.

Remarquons enfin que, si l'on devait réduire un legs d'un

quart en pleine propriété fait à un enfant (en supposant qu'il y en ait trois), et d'un quart en usufruit fait au conjoint, ou le legs fait au conjoint de l'usufruit de la réserve de l'ascendant, la quotité disponible ayant été, dans ce cas, donnée en propriété à un étranger, la réduction devant avoir lieu proportionnellement sur les deux dispositions, aux termes de l'art. 926, l'époux sera soumis à la réduction quand il aura reçu beaucoup moins que si on lui avait donné tout ce qu'il pouvait recevoir aux termes de l'art. 1094; ce qui est un résultat assez singulier. BENECH, *De la quotité disponible entre époux*, pages 244 à 260. ZACHARIÆ, § 689 et note 16.

Un arrêt récent de la Cour de Cassation (*Rejet*, 9 nov. 1846) semble décider, dans un de ses considérants, qu'il en doit être ainsi, si l'on a commencé par léguer la propriété du quart à l'étranger, et ensuite l'usufruit au conjoint. On peut comprendre que, quand les dispositions ont lieu par donations séparées, on puisse tenir compte de leur ordre chronologique, ce que nous n'admettons cependant pas; mais que l'on tienne compte de la chose du monde la plus insignifiante, l'ordre dans lequel sont écrites les dispositions d'un testament, lorsque le testateur n'a pas dit l'ordre de préférence dans lequel il voulait qu'elles fussent exécutées, cela est véritablement incompréhensible, surtout, le testament n'ayant son effet que par la mort de celui qui l'a écrit, et toutes les dispositions qui y sont renfermées conférant des droits simultanément.

3. *Lorsqu'une donation de moitié en usufruit a été faite d'abord au conjoint, peut-on donner ensuite un quart en nue propriété à un étranger?*

La jurisprudence constante de la Cour de Cassation, et quelques Cours royales, décident dans le sens de la négative.

La majorité des auteurs et des Cours royales décident en sens contraire.

Pour appuyer le premier système, on dit que l'art. 913 détermine d'une manière générale et absolue la quotité de biens dont on peut disposer à titre gratuit, sans faire aucune distinction entre les personnes au profit desquelles on dispose; que si l'art. 913 permet de dépasser cette quotité, c'est une simple extension en faveur des époux, et dont ceux-ci doivent seuls profiter; qu'aux termes des art. 920 et 922, toutes libéralités doivent s'imputer sur la quotité disponible de l'art. 913, et qu'en cas d'excès elles sont réductibles dans ses limites, eu égard à la qualité des héritiers, mais non à celle des donataires ou des légataires, dont ces articles ne parlent pas; que, par conséquent, pour savoir si la donation de moitié en usufruit épuise, ou non, la quotité disponible de l'art. 913, il faut en faire l'évaluation par rapport à la pleine propriété; et que l'on ne pourra disposer que de ce qui excède la valeur ainsi trouvée, pour arriver au quart en pleine propriété; que si l'évaluation n'est pas demandée par les parties, d'après le calcul des probabilités, on peut considérer, en général, une moitié en usufruit, comme valant un quart en propriété; quelques arrêts établissent même que cette évaluation est de droit. Du moment que l'on est ainsi arrivé à épuiser la quotité disponible, on ne peut plus rien donner à un étranger, parce que ce serait le faire profiter d'une extension de droits qui n'est pas faite pour lui. *Cass.*, 24 juillet 1839; Besançon, 7 février 1840 ; *Rejet*, 22 novembre 1843; Riom, 6 mai 1846; *Cass.*, 24 août 1846.

Nous ne pensons pas que cette doctrine soit exacte. On ne voit, en effet, nulle part dans la loi, que l'on doive évaluer un don en usufruit fait dans les limites de la quotité disponible : l'esprit de la loi a même été, autant que possible, de diminuer les cas où il y aurait lieu à évaluation, et qui étaient autrefois une source abondante de procès (612, 917.

Toulier, V. 142); et même, dans d'autres cas, elle dit positivement que l'on peut démembrer la propriété de telle sorte, que l'on fasse avoir l'usufruit à l'un, la nue propriété à l'autre, ou garder l'usufruit pour soi (899, 949); et enfin, si l'usufruit donné excède la valeur des revenus de la quotité disponible, les réservataires ont le droit, ou d'exécuter la disposition telle qu'elle est, ou de faire abandon de la propriété de cette quotité (917). Il n'y a lieu à évaluation que dans quelques cas que nous verrons quand nous en serons à cet article : tels sont ceux de dons, de rentes, de pensions, etc.

Ainsi, nous voyons le Code civil éviter autant que possible les évaluations d'usufruit ; et si le système de l'évaluation est vrai, en ce qui concerne les donations entre époux, comme rien dans la loi n'indique qu'il y ait à ce sujet une différence entre ces donations et les donations ordinaires, on devra évaluer l'usufruit toutes les fois qu'on aura fait une libéralité dont il aura été l'objet : ce qui est contraire à l'esprit et aux textes du Code, en confondant ainsi deux portions disponibles distinctes en une seule ; contraire enfin aux intentions du disposant, qui n'a entendu donner que de l'usufruit, et nullement une quotité de la propriété.

Du moment que l'on ne peut pas évaluer cet usufruit, peu importe quelle sera sa valeur par rapport à la propriété, pourvu qu'on ne dépasse pas la quotité disponible ; mais dans ses limites ce n'est qu'une servitude ; et quand la loi dit que l'on pourra donner une moitié en usufruit à son conjoint, on est dans les limites du disponible à cet égard : quand on n'a pas donné une quotité plus considérable, peu importe la valeur de cette disposition par rapport à la pleine propriété, il existe un surplus de disponible en nue propriété, lequel sera réglé par l'art. 913.

La loi, dit-on, fixe la quotité disponible, eu égard au nombre et à la qualité des héritiers du disposant, et non eu égard à la qualité des donataires ; mais c'est là une pétition de principes : il suffit, en effet, de comparer l'art. 1094 avec l'art. 913

pour voir que le disponible le plus fort ne peut être donné que quand il y a eu des libéralités faites au conjoint; ce qui est certainement tenir compte de la qualité du donataire.

Il est bien vrai que l'art. 1094 renferme une extension du disponible ordinaire au profit du conjoint survivant et que celui-ci peut seul en profiter; mais faut-il en conclure, qu'après avoir donné une moitié en usufruit à son conjoint, la quotité disponible soit épuisée, de sorte que l'on ne puisse plus donner un quart en nue propriété à une autre personne? C'est réduire une question fort importante à une question de date, et la décision que l'on donnerait alors, appuyée sur une base assez fragile, produirait des conséquences fort fâcheuses: si l'on réfléchit que les dons en usufruit sont la principale quotité disponible entre époux; que le plus souvent ces donations ont lieu par contrat de mariage, pour assurer le sort du conjoint survivant, dans un moment où, en général, on ne pense guère aux enfants qui pourront naître du mariage, on verra que c'est porter une grave atteinte aux droits du disposant, sous prétexte de respecter celui des réservataires. En effet, l'usufruit est un démembrement de la propriété essentiellement temporaire : par conséquent, les enfants qui ont la jouissance de la moitié de leur fortune se consoleront de ne pas en avoir plus, par la pensée qu'au bout d'un temps plus ou moins long, ils auront la jouissance de la totalité, absolument comme si l'on n'avait disposé de rien; c'est presque ruiner la quotité disponible, et par conséquent, affaiblir le droit de magistrature domestique que la permission de disposer dans de certaines limites met dans les mains des parents. Ce serait encore contraire aux règles mêmes du Code civil qui a donné plus de latitude au disposant, qui doit s'occuper du sort de ses enfants et de celui de son conjoint, en diminuant son droit de disposer, de manière que, s'il ne pensait qu'à son conjoint, il pourrait disposer de toute la quotité de l'art. 1094 ; tandis que, s'il veut donner à tous les membres de sa famille, il doit faire des calculs compliqués pour ne pas être renfermé dans les limites de l'art. 913.

Ce serait ajouter au Code que l'interpréter dans ce sens : et si on le compare avec la législation antérieure, on voit qu'il ne peut être décidé ainsi. En effet, l'art. 6 de la loi du 18 pluviôse an v déclarait les avantages entre époux, permis par les art. 13 et 14 de la loi du 17 nivôse an II, non imputables sur la quotité disponible fixée par l'art. 16 de cette même loi. Il est évident que cette disposition a été rejetée par le Code civil ; mais si l'on avait voulu interdire la division du plus fort disponible entre le conjoint et d'autres personnes, on n'aurait certainement pas manqué de s'en expliquer.

S'il est vrai que donner le quart en nue propriété à un étranger par acte postérieur, c'est le faire profiter de l'extension de disponible de l'art. 1094, il n'est pas logique de restreindre cette décision à ce seul cas ; car la même raison de décider s'appliquera également lorsque la disposition faite à l'étranger l'aura été la première, ou lorsque toutes deux l'auront été par le même acte : il n'y a aucune raison de distinguer. Mais de plus ce raisonnement n'est pas juste ; car, pour faire profiter l'étranger de l'extension de disponible, il faudrait qu'il reçût plus qu'il ne lui est permis de recevoir par l'art. 913 : or nous avons posé comme principe qu'il ne le peut pas ; et, dans notre cas particulier, il reçoit beaucoup moins, puisqu'il ne reçoit que de la nue propriété.

Enfin, l'argument que l'on tire des art. 920 et 922 n'est pas beaucoup plus concluant. On y voit bien que les libéralités faites par le défunt seront réductibles à la quotité disponible, lors de l'ouverture de la succession ; mais ces deux articles sont placés dans la section *de la Réduction des donations et des legs* : et si les legs et les donations doivent être réduits à la quotité disponible, ce ne peut être que

quand cette quotité disponible elle-même aura été calculée ;
or il y a plusieurs manières de la calculer, suivant la qualité des héritiers, et suivant celle des personnes à qui on
laisse (913, 915, 1094, 1098). Par conséquent, dire que les
libéralités faites au conjoint doivent s'imputer sur la quotité de l'art. 913, c'est méconnaître l'économie de la loi
dans la manière dont elle a fait le calcul de la quotité disponible, et mettre en avant un système tout à fait arbitraire,
celui de l'imputation sur une quotité plutôt que sur une autre.

Ajoutons que ce système pourrait si facilement être éludé,
que l'on ne comprend guère la persistance que l'on met à le
soutenir ; car, en faisant la donation de l'usufruit par contrat
de mariage, on pourra en stipuler la révocation par survenance d'enfants, ou au moins, que les donations par préciput
faites aux enfants primeront la donation faite au conjoint ;
stipulations qui n'ont rien de contraire à l'ordre public et aux
bonnes mœurs : ou bien, on pourra toujours y renoncer après
la dissolution du mariage ; et l'effet de cette renonciation, en
annulant la disposition excessive faite par le défunt, sera de
rendre valables les autres qui se trouvent maintenant dans les
limites de la quotité disponible, et non de faire rentrer lesdits
avantages dans la succession ab intestat (*Cass.,* 20 déc. 1843.
Bordeaux, 5 février 1844. BENECH, *op. cit.,* p. 472) ; ou si
la libéralité a été faite au conjoint pendant le mariage,
on pourra commencer par la révoquer, faire à l'étranger
ou à l'enfant la libéralité qu'on voulait lui faire, et ensuite
recommencer au profit du conjoint. « Disons-le franche-
» ment, n'est-il pas ridicule d'imposer aux pères de famille
» la nécessité de tous ces subterfuges, et un système n'est-il
» pas condamné quand il engendre de tels résultats? (*Art.* de
» M. Valette dans *le Droit* du 11 mars 1846.) » —*Voir* TOUL-
LIER, V. 871 *bis.* BENECH, *op. cit.,* p. 285 à 433. ZACHARIÆ,
§ 689 et note 17. Toulouse, 13 août 1844, 13 février 1846 ;
Grenoble, 13 décembre 1843, 15 juillet 1845 ; Paris, 16 novembre 1846 ; Agen, 14 décembre 1846.

4. *Lorsqu'une donation d'un quart en pleine propriété a été faite au conjoint, peut-on ensuite donner un quart en usufruit à un étranger ?*

Tous les raisonnements que nous venons de faire sur le cas précédent s'appliquent ici : on ne voit pas pourquoi il en serait autrement, car chacun des donataires a reçu moins que ce qu'on pouvait lui donner, et la somme des libéralités n'excède pas le disponible de l'art. 1094.

Cependant M. Benech (*op. cit.*, pages 260 et suivantes) conteste ce résultat, par le motif que l'extension du disponible en usufruit, entre époux, a eu pour but de remplacer les gains de survie légaux de notre ancien Droit; que l'usufruit pouvant être aliéné moins facilement que la pleine propriété, le conjoint survivant sera moins exposé à se mettre en position de demander plus tard des aliments aux enfants, ce qui peut arriver plus souvent quand il est plein propriétaire; et qu'alors il faut que les enfants aient les moyens de venir à son secours. Enfin, ce serait faire profiter un étranger de l'extension de disponible introduite en faveur de l'époux seulement. Marcadé, *Sur l'art.* 1100, n° II.

Ce système ne nous paraît pas devoir être admis. En effet, bien que difficile, la cession d'un usufruit n'en est pas moins possible, et, en admettant que cela soit rare, il est du moins plus fréquent qu'il soit saisi; on arriverait donc ainsi au résultat que l'on craint dans le cas où l'on aurait donné un quart en pleine propriété : de plus, bien que cette considération ne soit pas des plus graves, les enfants ont la chance de retrouver dans la succession du conjoint survivant le quart en pleine propriété qui lui a été donné; ils peuvent donc avoir quelque intérêt à ce que la disposition soit faite dans ce sens. Puis, si ces donations sont excessives, il faudra les réduire; pour les réduire, il faudra estimer l'usufruit, ce que nous avons vu être contraire à l'esprit de la loi; et l'on arriverait ainsi à se prévaloir contre le conjoint de ce qu'il n'a pas été gratifié d'une manière exclusive; ce serait lui enlever une partie de la quotité disponible par la seule raison qu'il ne l'a pas reçue tout entière, résultat qui paraît inadmissible. ZACHARIÆ, § 689, note 18.

Mais nous considérerons comme excessives toutes donations faites en dehors de ce que la classe à laquelle appartient le donataire pourrait recevoir. Quand le conjoint a reçu une moitié en usufruit, l'étranger ne pourra recevoir plus du quart en nue propriété; s'il a reçu un quart en propriété ou plus, on le réduira au quart en nue propriété; s'il a reçu moins, comme le donateur avait épuisé la faculté de disposer en usufruit, le don sera réduit à la nue propriété, quelque minime qu'il soit.

Si le conjoint a reçu un quart en pleine propriété, l'étranger ne pourra recevoir qu'un quart en usufruit : tout ce qu'il aurait pu recevoir en outre en nue propriété lui sera enlevé, parce que le donateur avait épuisé son disponible de ce côté.

Le don du quart en nue propriété fait au conjoint, après celui de la moitié en usufruit à l'étranger, sera valable; mais, comme la quotité disponible se trouve épuisée, et que l'étranger ne peut avoir la moitié en usufruit, il sera réduit, et le surplus rentrera dans la masse.

5. *Du cas où la première donation est faite par acte révocable, et la seconde, par acte irrévocable.*

Si une donation a été faite au conjoint par acte révocable, elle ne sera pas révoquée par cela seul qu'une donation irrévocable, ou un legs fait postérieurement à un étranger, absorberait la quotité disponible. Il faudra, de plus, que la nouvelle disposition soit incompatible avec la première; par exemple, si après avoir donné un certain immeuble au conjoint, on le donnait ensuite à un étranger; ou si, après avoir donné à son conjoint une certaine quotité en usufruit, il faisait une donation en pleine propriété à un étranger, la première donation serait révoquée jusqu'à due concurrence.

Si les deux donations ne sont pas incompatibles, la dernière en date sera réduite la première, quand même elle serait irrévocable, mais jusqu'à concurrence du disponible le plus fort, sans distinguer entre les donations de sommes et les autres, l'art. 923 ne faisant aucune distinction.

6. *Du concours des libéralités faites au second conjoint et à un étranger.*

Lorsque le *de cujus* a donné à la fois à son second conjoint et à un étranger, les mêmes difficultés ne se présentent pas, parce que la quotité disponible en faveur du second conjoint est toujours inférieure à celle en faveur de l'étranger. Ainsi, si l'on a commencé par donner à l'étranger la quotité de l'art. 913, non-seulement on a épuisé, mais on a dépassé la quotité de l'art. 1098; si, au contraire, on a commencé par donner au conjoint la quotité de l'art. 1098, on pourra donner le surplus à l'étranger.

Si l'on n'a donné au second conjoint que l'usufruit de la quotité de l'art. 1098, on pourra disposer en faveur de toute autre personne de la nue propriété; mais que décider si on lui a donné l'usufruit d'une quotité de biens plus grande que la quotité disponible?

Nous avons pensé que, dans le cas de l'art. 1094, § 2, la rédaction de cet article, quelle qu'en fût, du reste, l'origine, devait faire réduire les donations en usufruit à l'usufruit de moitié, d'un côté, pour ne pas grever la propriété d'une charge trop considérable, de l'autre, pour ne pas aller contre l'intention du *de cujus* qui n'avait voulu faire aucune disposition en pleine propriété au profit de son conjoint.

Mais ici, il n'en sera pas de même: l'art. 1098 ne pose, en effet, aucune espèce d'alternative. Il a été rédigé pour que l'on pût donner au second conjoint une quotité en pleine propriété, mais moindre qu'au profit d'un étranger. On pourra donc appliquer l'art. 917, et abandonner la quotité disponible de l'art. 1098 en entier, parce que cet abandon pourra ne pas laisser sans effet un grand nombre des dispositions faites par le *de cujus*. Benech, *op. cit.*, page 372.

Si l'on a donné à un second conjoint une moitié en usufruit, et à un étranger un quart en pleine propriété, il faudra évaluer l'usufruit donné au conjoint pour savoir combien l'on a pris sur la quotité disponible; ce n'est que le reste que l'on pourra donner à l'étranger. Toullier, V. 871 *bis; Rejet*, 21 juillet 1813.

§ III. — *De la quotité de biens dont peut disposer le mineur.*

Tout ce que nous venons de dire dans le paragraphe précédent sur la quotité disponible entre époux, sera applicable aux donations qu'un mineur ferait à son conjoint par contrat de mariage, car alors il peut donner tout ce dont la loi permet au majeur de disposer, 903, 1095, 1398.

Mais, quand il n'est plus question du contrat de mariage, l'art. 904 nous dit : « Le mineur parvenu à l'âge de seize » ans ne pourra disposer que par testament, et jusqu'à » concurrence seulement de la moitié des biens dont la loi » permet au majeur de disposer. »

Du moment que l'on défendait au mineur de disposer de sa fortune à titre onéreux, on devait à plus forte raison lui interdire les dispositions à titre gratuit: à la crainte de son inexpérience vient s'ajouter celle des passions, de l'influence que l'on pourrait exercer sur lui : au contraire, quand la donation a lieu par contrat de mariage, comme il s'agit là, pour ainsi dire, d'un pacte entre les deux familles, que souvent les conventions qui y sont contenues sont la cause déterminante du mariage, puisque le mineur n'agit que sous l'inspiration des personnes dont le consentement est nécessaire pour le mariage lui-même, on a dû accorder au mineur la même capacité qu'au majeur.

Mais, lorsqu'il s'agit d'une disposition testamentaire, s'il est vrai, d'un côté, que la crainte de la captation et de la faiblesse doive faire défendre un droit de disposition égal à celui du majeur, d'un autre côté, cette crainte diminue, lorsque ceux qui pourraient abuser de leur influence verront que le dépouillement ne sera pas actuel, et en même temps l'approche ou la perspective de la mort ne permettra plus de s'occuper que des devoirs de famille ou de reconnaissance.

C'est pour cela que la loi n'a permis que les dispositions testamentaires, et seulement, pour la moitié de ce dont le majeur peut disposer.

On a cependant prétendu que le mineur marié pouvait faire à son conjoint une donation entre-vifs; que les donations entre époux, étant révocables, devaient être assimilées aux legs, et être permises aussi bien qu'eux, puisque cette condition de révocation avait pour effet de soustraire le donateur à la captation, en lui permettant de revenir sur ce qu'il aurait fait; que l'art. 904 n'a pour but que de fixer la capacité du mineur non marié, mais que celle du mineur marié se trouve fixée par le chapitre IX du titre *des Donations,* d'après le renvoi qui est fait par l'art. 903; que la seule restriction se trouve dans l'art. 1095, qui exige le concours des personnes qui doivent consentir à son mariage, et seulement pour les donations faites par contrat de mariage. DELVINCOURT, II. 197. VAZEILLE, *Sur l'art.* 904, n° 2.

Nous répondons que, bien que les donations entre époux soient révocables, elles ne sont cependant pas assimilées aux legs, parce qu'il y a du moins dépouillement actuel ; que l'accomplissement de la condition de non-révocation produit un effet rétroactif à ce jour, et que c'est seulement à cette date que la réduction les atteindra. L'art. 904 ne prête nullement à la distinction que l'on veut lui faire faire, ses termes sont généraux, *le mineur parvenu à l'âge de seize ans;* et quant au renvoi de l'art. 903, l'argument qu'on en tire prouve trop ; car, d'un côté, il n'est question, dans le chapitre IX, que des donations faites par contrat de mariage, et, d'un autre côté, s'il était question de la capacité du mineur marié pour tous les cas, il faudrait dire qu'il pourra donner tout ce que le majeur peut donner, car on ne voit dans aucun des articles de ce chapitre une limite pour sa capacité, et l'on ne pourrait appliquer la seconde moitié de l'art. 904 et en rejeter la première. Enfin, cet art. 904 pose comme règle l'incapacité du mineur : les exceptions doivent être formelles, et l'on n'en trouve que dans l'art. 904 lui-même, et dans l'art. 1095. Toullier, V. 925. Duranton, VIII. 184. *Rejet,* 12 avril 1843.

Il résulte de la limitation posée par l'art. 904, que la réserve au profit des réservataires ordinaires croît quand le disposant est un mineur, et que les autres héritiers se trouvent dans ce cas avoir droit à une réserve, ce qui n'aurait pas lieu dans les circonstances ordinaires; mais on se trouve devoir appliquer simultanément les principes de la réserve et ceux de l'incapacité.

Ainsi, un majeur ayant des enfants lègue à une personne tout ce dont la loi lui permet de disposer : ses enfants meurent avant lui, le légataire aura la totalité de sa fortune. Si un mineur meurt dans les mêmes circonstances, son légataire n'aura droit qu'à la moitié : il en serait de même s'il mourait majeur, parce que, quand il a fait son testament, il n'était capable que dans de certaines limites, et que la capacité de faire un testament doit exister au moment où on le fait.

Il n'est donc pas parfaitement exact de dire que la quotité disponible diminue lorsque le disposant est un mineur, puisque nous trouvons ici une question d'incapacité ; on pourrait plutôt, jusqu'à un certain point, considérer le patrimoine comme divisé en deux portions : l'une, dont il ne peut disposer au profit de qui que ce soit, et qui reste dans la succession ab intestat ; l'autre, à l'égard de laquelle il a les mêmes droits que le majeur, et dont il a le droit de disposer dans de certaines limites, d'après les art. 913, 914, 915, 916, 1094, 1098.

Mais il ne faut pas pousser cette idée jusqu'à dire que le partage entre les héritiers de chacune de ces moitiés devra avoir lieu séparément ; de sorte que, si le mineur meurt en laissant un ascendant dans une ligne et des collatéraux dans l'autre, cet ascendant puisse prendre un quart à titre de réserve dans la moitié dont le mineur pouvait disposer, soit un huitième du tout, e une moitié de l'autre moitié, soit deux huitièmes. LEVASSEUR, *Portion disponible*, n° 55. Cette manière de compter serait contraire aux termes de l'art. 904, qui s'exprime de manière à ne laisser aucun moyen d'admettre un tel partage de la réserve, puisqu'il ne parle que de la fixation de la quotité disponible ; contraire à l'art. 753, qui veut que les ascendants partagent avec les collatéraux de l'autre ligne, ce qui exclut toute hypothèse en vertu de laquelle ils auraient plus que la moitié de la succession ; contraire au principe, que la réserve est une portion de la succession ab intestat, car alors, quelle que soit la cause qui l'augmente, elle doit se partager suivant les mêmes règles ; contraire, enfin, à l'art. 915, d'après lequel ils ne peuvent réclamer leur réserve contre les collatéraux, que pour le cas où un partage fait également avec eux ne la leur donnerait pas.

Ces raisons doivent aussi faire exclure l'idée de ceux qui

penseraient que l'art. 904 a fixé la limite du disponible du mineur d'une manière distributive, c'est-à-dire à la moitié de ce qu'il pourrait enlever à chacune des classes d'héritiers qui lui succèdent. Or rien dans l'art. 904 ne peut autoriser cette interprétation, car il réduit à moitié une quotité disponible qui doit se prendre d'ordinaire sur la totalité des biens du disposant: on ne voit pas pourquoi il en serait autrement ici. TOULLIER, V. 117. ZACHARIÆ, § 688, note 4.

Peu importe, du reste, que la quotité disponible ait été donnée, ou non, à l'un des héritiers : il ne peut avoir en cette qualité plus que n'aurait un étranger. *Arg.* 919, § 1. Poitiers, 22 janvier 1828. ZACHARIÆ, § 688, note 5.

Il est souvent difficile de distinguer les cas où la loi édicte une incapacité, et ceux où elle ne fait que poser des limites à la faculté de disposer : tel est le cas de l'art. 909, 2°, relatif aux dons faits au médecin ou au ministre du culte. La distinction entre ces deux sortes de dispositions nous paraît devoir résulter des règles suivantes :

1°. Lorsque la loi défend absolument une sorte d'acte, il y a incapacité de faire cet acte ;

2°. Lorsque la loi pose des limites à la faculté de disposer, soit à cause de circonstances se trouvant dans la personne du disposant, soit à cause des relations qui existent entre le disposant et celui qui reçoit, il y a incapacité;

3°. Enfin, lorsque la défense de disposer repose uniquement sur l'intérêt de tiers, ce n'est plus qu'une question de disponibilité: une fois que ces tiers disparaissent, la défense n'a plus de but, et l'on peut disposer de la manière la plus large.

SECTION QUATRIÈME.

DE LA RÉDUCTION DES DONATIONS ET DES LEGS.

Nous venons de voir dans les deux sections précédentes quelles sont les personnes qui ont droit à une réserve, quelle est la nature de leur droit, et de combien une personne peut disposer par donation entre-vifs ou par testament.

Lorsque la somme des libéralités n'excède pas la portion disponible, on devra les exécuter ; mais lorsqu'il y aura des doutes sur ce point, il faudra se livrer à des calculs ayant pour objet d'établir si la quotité disponible a été, ou non, dépassée; et, si elle a été dépassée, il faudra réduire les libéralités qui y portent atteinte. C'est l'ensemble de ces règles que nous allons maintenant étudier dans l'ordre suivant :

1°. A quel moment doivent exister les conditions de la réduction ;

2°. De la formation de la masse sur laquelle se calcule la quotité disponible ;

3°. Des libéralités qui s'imputent sur la quotité disponible ;

4°. Contre qui, dans quel ordre, et comment s'opère la réduction ;

5°. Sur la demande de qui, et au profit de qui, elle sera prononcée ;

6°. Ses effets ;

7°. Les fins de non-recevoir qui peuvent être opposées à la demande en réduction ;

8°. D'après quelle loi, celle du jour de l'acte ou celle du décès du testateur, devra être réglée la portion disponible.

§ 1. — *A quel moment doivent exister les conditions de la réduction.*

Ce que nous avons dit dans notre section II, que la réserve est une portion de la succession ab intestat, suffirait pour décider que les conditions de la réduction doivent exister lors de l'ouverture de la succession ; car la réserve étant, comme l'indique son nom, réservée à certaines classes d'héritiers ab intestat, il faut qu'il y ait des héritiers: peu importe, du reste, que la succession soit ouverte par la mort naturelle ou par la mort civile, 725. C'est aussi ce que dit l'art. 920 : « Les dispositions soit entre-vifs, soit à » cause de mort, qui excéderont la quotité disponible, » seront réductibles à cette quotité lors de l'ouverture de » la succession. »

De là, plusieurs conséquences :

1°. Le donateur se fût-il dépouillé de toute sa fortune, il ne peut, pas plus que ses ayants cause (sauf quand ceux-ci prouvent qu'il y a eu fraude), revenir contre les libéralités qu'il a faites. Il peut seulement demander la révocation pour cause d'ingratitude, si le donataire lui refuse des aliments. C'est un cas où un héritier a plus de droits que son auteur, par suite d'une condition résolutoire, sous-entendue en sa faveur.

2°. Les héritiers à réserve existants au jour de la mort ont seuls le droit d'invoquer la réduction : il suffit qu'ils soient conçus; mais la survenance, postérieure au décès, d'une personne ayant qualité de réservataire, ne changera rien à la dévolution. Ainsi une personne a deux enfants, dont l'un est frappé de mort civile : sa succession sera dévolue comme s'il n'y avait qu'un enfant; le *de cujus* pourra donner la moitié de ses biens à un étranger. Mais si, après l'ouverture de la succession, l'enfant frappé de mort civile est relevé de son incapacité, cela ne changera rien à ce qui s'est passé; il n'aura aucun droit sur la succession, donc aucun droit sur la réserve, qui en est une portion.

A plus forte raison, dès qu'au jour de l'ouverture de la succession, il existe un héritier à réserve, s'il meurt sans avoir demandé la réduction, le droit qu'il avait de la demander fait partie de sa succession, et passe à ses héritiers quels qu'ils soient.

Si, au jour du testament, le *de cujus* avait des héritiers à réserve de tel ordre et en tel nombre, et si, au jour de sa mort, il en a d'autres, c'est d'après ces derniers que l'on calculera la réserve.

Les dispositions inofficieuses empiétant sur la succession, il faut attendre que l'on y ait des droits. Ainsi, des dispositions invalides dans l'origine deviennent plus tard valables, et réciproquement : l'existence d'un héritier à réserve n'est qu'un obstacle possible pour limiter les dispositions du *de cujus*; dès qu'il est disparu au jour où la dévolution s'opère, rien n'empêche la disposition de sortir son plein et entier effet : à la différence de la capacité, qui doit exister au moment où la disposition est faite, et dont les circonstances ultérieures ne peuvent suppléer le défaut à ce moment.

§ II. — *De la formation de la masse sur laquelle on doit calculer la quotité disponible.*

Les règles d'après lesquelles cette formation doit avoir lieu sont ainsi expliquées par l'art. 922 : « La réduction » se détermine en formant une masse de tous les biens » existants au décès du donateur ou testateur. On y réunit » fictivement ceux dont il a été disposé par donations entre- » vifs, d'après leur état à l'époque des donations et leur » valeur au temps du décès du donateur. On calcule sur » tous ces biens, après en avoir déduit les dettes, quelle » est, eu égard à la qualité des héritiers qu'il laisse, la » quotité dont il a pu disposer. »

La première opération est donc l'estimation de tous les

biens qui se trouvent exister entre les mains du *de cujus* au moment de son décès. Aucune exception n'est faite ; cela s'applique aux meubles et aux immeubles, corporels et incorporels. Les mauvaises créances y seront comprises, mais seulement pour le prix que l'on en donnerait en examinant les chances de solvabilité et d'insolvabilité du débiteur, *l.* 63. § 1. *ff. ad legem Falcidiam,* 35, 2 ; mais si la masse s'est trouvée ainsi trop faible, et que l'on ait eu recours à la réduction, on devra tenir compte à ceux contre lesquels on l'a demandée, de ce qui serait rentré dans la succession en sus de l'estimation.

Si les donataires ou légataires offraient caution d'assurer le payement, ils pourraient faire entrer cette créance dans l'actif. Duranton, VIII. 332.

Une créance, même confuse, contre l'héritier, y sera aussi comprise ; car cette première opération n'ayant pour but que de déterminer la quotité du patrimoine du défunt, peu importe la personne par qui sera due la dette. Cela mènerait, du reste, à faire varier la réserve suivant que l'héritier accepterait bénéficiairement, ou purement et simplement, ce qui ne peut être admis. Duranton, VIII. 333. Zachariæ, § 684 et note 4.

L'estimation de ces biens se fait, suivant leur état et leur valeur, au moment du décès.

On passe ensuite à la seconde opération, indiquée à tort par l'art. 922 comme étant la troisième, la déduction des dettes. On applique ici l'axiome, trompeur dans beaucoup de cas, *bona non intelliguntur nisi deducto ære alieno :* car on ne peut savoir quelle était la fortune du disposant qu'après avoir payé ses dettes ; et, si elles sont égales aux biens, sa fortune est réduite à néant.

Les frais funéraires seront compris parmi les dettes. Paris, 298. Toullier, V. 144. Quant aux frais de scellés, d'inventaire, et autres analogues faits depuis la mort du défunt, dans l'intérêt uniquement des créanciers, héritiers, etc., on ne devra pas les déduire pour le calcul, bien qu'en cas d'insolvabilité ils passent avant les frais funéraires, 2101, 1°; ce sont des charges de la succession, qui, comme telles, doivent être supportées uniquement par les biens qui y restent, après avoir calculé le disponible, et proportionnellement par les héritiers et les donataires.

On déduira les dettes envers le réservataire, quand même il y aurait eu confusion, par les mêmes motifs que nous avons vu faire entrer dans la masse les créances que l'on avait contre lui.

Les créances conditionnelles seront provisoirement déduites, sauf, si la condition ne s'accomplit pas, à recommencer le calcul. Si les créanciers aiment mieux recevoir de suite une valeur certaine au lieu de valeurs aléatoires, cette convention aura pour effet de ne faire entrer dans la déduction des dettes que ce qui aura été payé; mais si, par suite d'une convention avec les légataires et donataires seulement, on la comptait pour sa valeur vénale actuelle, cette convention n'aurait d'effet qu'entre les parties contractantes (1166), et les créanciers pourraient, la condition s'accomplissant, réclamer la totalité, sans que les héritiers eussent aucune nouvelle réduction à faire subir aux donataires et légataires. MARCADÉ, *Sur l'art.* 922, n° III.

Quant aux créances litigieuses, elles n'y seront pas comprises; les héritiers se tireront d'affaire comme ils le pourront avec les débiteurs.

Le motif pour lequel nous intervertissons l'ordre indiqué par l'art. 922, dans les opérations sur le calcul de la masse, est que, d'après l'art. 921, la réduction ne peut être demandée que par les réservataires, et que les créanciers ou légataires du défunt ne peuvent ni la demander, ni en profiter, c'est-à-dire, ni inquiéter les donataires ni les tiers acquéreurs en demandant la réduction, ni toucher aux biens que la réduction a fait rentrer, quand la succession a été acceptée sous bénéfice d'inventaire.

Ainsi, un homme laisse au moment de sa mort 60 000 fr. : il avait donné 60 000 fr. pendant sa vie, il laisse 80 000 fr. de dettes, et il a un enfant. Si l'on suit l'art. 922 à la lettre, dans cette espèce, on dira : L'estimation des biens donnés qui valent 60 000 fr., jointe aux 60 000 fr. de biens laissés à la mort, présente une fortune de 120 000 fr.; il faut en déduire 80 000 fr. pour les dettes, reste 40 000 fr. Or le *de cujus* avait un enfant : la quotité disponible se trouve de 20 000 fr. ; les donataires ont reçu 60 000 fr., il y a donc eu là 40 000 fr. d'excès. Les créanciers, aux termes de l'art. 921, ne pourront y prétendre aucune part. Quant aux héritiers, si le *de cujus* avait eu 60 000 fr. de dettes, les 60 000 fr. de biens existants au jour de la mort eussent servi à les payer ; et, sur les 60 000 fr. de biens donnés, il y aurait eu 30 000 fr. de réserve : de ce qu'il y a eu 80 000 fr. de dettes, il ne peut résulter que la portion réservée devienne plus grosse, car, en suivant l'autre mode de calculer, on arriverait à donner 40 000 fr. à l'héritier. L'art. 922 n'est donc pas exact quand les biens ne suffisent pas pour payer les dettes. Si l'on suit l'ordre des opérations comme il l'indique, on arrive à ce résultat assez singulier, que, quoique les créanciers ne puissent être payés que sur les biens existants au jour du décès, cependant la seule circonstance que les dettes sont plus grandes que l'actif, produirait une augmentation pour les héritiers de la portion réservée. Cette interversion dans l'article n'a jamais souffert la moindre difficulté. Metz, 13 juillet 1833.

La troisième opération consiste dans la réunion fictive des biens donnés aux biens existants lors du décès.

Tous avantages directs faits à un étranger, ou à l'un des successibles qui renonce, ou à un successible avec dispense de rapport, sont soumis à cette réunion fictive. Quant aux dons faits en avancement d'hoirie à un successible qui accepte, on a voulu élever des difficultés, et l'on a contesté que ce don rapportable, fait à une personne venant à la succession, dût être compté pour la masse et grossir le disponible ; et l'on appuyait cette distinction, que rien n'indique dans les termes de l'art. 922, sur l'art. 857, qui dit que le rapport n'est dû que par le cohéritier à son cohéritier, et non aux légataires ni aux créanciers de la succession ; car ce serait faire profiter de la réduction le légataire universel de la portion disponible, que de faire le calcul de la sorte. Ainsi, un homme ayant 40000 fr. de biens, après avoir donné 5000 fr. à l'un de ses enfants par avancement d'hoirie, lègue à un étranger la portion disponible. Il a trois enfants. A-t-il légué le quart de 40000 fr., ou le quart de 35000 fr.?

Pendant longtemps on a suivi la seconde opinion, et calculé le quart des biens, après déduction de la donation faite au successible ; mais c'était violer l'art. 922 qui ne fait aucune distinction, et le rendre inapplicable dans les cas les plus ordinaires, parce que les dons faits à des successibles sont plus fréquents que tous autres; c'était ensuite ne pas comprendre l'art. 857, qui ne parle que de l'exécution effective du rapport et nullement de la formation de la masse, et le mettre gratuitement en antinomie avec l'art. 922, qui règle un cas tout à fait différent; c'était confondre une réunion fictive, qui est un calcul provisoire, un élément de calcul pour fixer la quotité disponible, avec un rapport qui est, au contraire, définitif, et qui n'a lieu que quand, la quotité disponible étant séparée, il s'agit de partager la réserve, et dont le légataire par préciput ne profiterait qu'autant que, les biens libres ne suffisant pas pour lui donner tout ce qui lui revient, il voudrait demander sa part des biens que le donataire en avancement d'hoirie rapporterait.

Si le *de cujus* avait déclaré léguer *le quart des biens qu'il laisserait à son décès,* on ne devrait pas alors faire entrer les biens donnés au successible, pas plus que ceux donnés à toutes autres personnes; il y a ici interprétation de fait. Mais, quand on lègue *la quotité disponible,* il est tout à fait divinatoire d'argumenter de la volonté du défunt pour décider dans un sens plutôt que dans l'autre.

La Cour de Cassation avait, jusqu'en 1826, rendu de nombreux arrêts dans le sens que les biens donnés au successible ne devaient pas être rapportés (voir *Cass.,* 30 déc. 1816, 27 mars 1822, 8 déc. 1824, 5 juillet 1825. Chabot, *Sur l'art.* 857, n° 4); mais dans un arrêt rendu chambres réunies, le 8 juillet 1826, elle a adopté l'autre système et rejeté le pourvoi contre un arrêt de la cour d'Agen, qui l'avait ainsi jugé. Depuis, cette décision a été universellement suivie par les auteurs et la jurisprudence. *Cass.,* 13 mai 1828, 2 mai 1838.—*Voir en outre,* S. XXIV, 2. 288.

La décision serait 'a même si l'avantage fait au successible était la conséquence d'un partage fait par l'ascendant, parce que ce partage est mis sur la même ligne que la donation entre-vifs; 894, 1076; *Rejet,* 13 décembre 1843.

La remise de la dette sera aussi soumise à ce rapport fictif, ainsi que toutes les donations déguisées.

En général, tout avantage sujet à rapport devra être soumis au rapport fictif de l'art. 922. Ainsi, les avantages résultant d'associations faites avec un des successibles, quand les conditions n'en ont pas été réglées par un acte authentique, y seront compris, 854. Mais la loi n'exigeant l'authenticité de l'acte que pour donner aux cohéritiers un peu plus de garantie sur la sincérité des conventions, parce qu'on serait souvent trop disposé à les faire avantageuses au profit d'un successible, dès que la convention n'est pas faite avec lui, on ne craint plus autant ce dépouillement, et la condition ne devra pas être étendue aux conventions passées avec un étranger.

Les avantages résultant, entre époux, de leur contrat de

mariage, n'y seront pas soumis, car ils ne sont réputés donations ni quant au fond, ni quant à la forme (1496, 1527), mais seulement à l'égard des enfants nés du mariage à l'occasion duquel le contrat a été passé, 1098.

Il en sera de même des biens donnés ou vendus à l'un des successibles, dans le cas de l'art. 918, mais seulement à l'égard de celui ou de ceux des réservataires qui n'auraient pas consenti à l'aliénation; car, pour les autres, il s'agit là d'un acte réellement à titre onéreux. Si la cession a été faite à un étranger, on pourra prouver qu'il y a eu libéralité, et alors on la fera rentrer dans la masse. ZACHARIÆ, § 684 et notes 6 et 7.

Si la chose donnée a péri sans la faute du donateur, elle ne devra pas non plus être comprise dans la masse : on ne fera pas de distinction entre les meubles corporels et les immeubles, l'art. 922 n'en établissant aucune, et celle que l'on voudrait tirer de la comparaison des art. 855 et 858 se trouvant repoussée, ainsi que nous le verrons, par cette circonstance que, dans la discussion, on proposa d'introduire la règle que le rapport fictif du mobilier se ferait suivant sa valeur au jour de la donation, et que cette proposition fut rejetée. Si l'on doit rapporter la valeur du mobilier au jour du décès, ce rapport devient sans effet lorsque la valeur n'existe plus.

Si l'on avait donné une somme d'argent, et que le donataire fût devenu insolvable, cette somme devra être comptée pour la formation de la masse; car il s'agit ici, non pas de l'action en réduction, et peu importe en définitive quel en sera le résultat, mais de savoir sur quelle masse devra se calculer la portion disponible. L'art. 922 ne fait, en effet, aucune distinction, et, s'il est vrai de dire que les créances qu'avait le défunt contre des débiteurs insolvables doivent être comptées pour leur valeur vénale, ou suivant les distinctions que nous avons admises, on ne pourrait en dire autant pour le cas du rapport fictif; car c'est précisément pour savoir si la créance naîtra que l'on fait cette opération: et quand elle est née, c'est une créance de la succession, et non du *de cujus,* puisque celui-ci n'a aucun droit ressemblant, de près ou de loin, à l'action en réduction.

Une fois cette créance née, il s'agira de l'exercer; mais c'est un tout autre point que nous examinerons dans notre paragraphe 4.

Ajoutons que, si cette donation ne devait pas compter, il dépendrait de l'un des donataires de diminuer la réserve des enfants; car, si ces biens ne rentrent pas, on demandera la même quotité sur une masse de biens moins considérable, ce qui amènera nécessairement à un quotient plus faible, résultat que l'on ne saurait admettre.

Ce serait contraire à l'art. 923 du Code et à l'art. 34 de l'ordonnance de 1731 ; car la réduction se fait sur les donations, en commençant par les plus récentes, et ces articles ne distinguent nullement le cas où un donataire est insolvable: ne compter que la valeur de l'action que l'on a contre lui, serait, s'il est exposé l'un des premiers à l'action en réduction, le dispenser de cette tion pour le reste.

On ne dirait pas non plus que, s'il revenait à meilleure fortune, on pourrait agir de nouveau contre lui et faire d'autres calculs pour remplir les héritiers de leur réserve; car, outre que ce serait s'exposer à une quantité considérable de calculs, chose que l'on doit éviter autant que possible, ce serait admettre que la fortune du défunt a pu varier après sa mort, puisque la somme de la réserve varierait suivant la solvabilité des donataires. Lebrun , *Des successions,* liv. II, ch. III, sect. VIII, n° 25. Toullier, V. 137. Merlin, *Rép.,* v° *Légitime,* sect. VIII, § 2, art. 1 ; *Quest.* 1, n° 22; v° *Réserve,* sect. III, § 1, n° 16. Zachaniæ, § 684 et note 10. — *Voir, en sens contraire:* Pothier, *Des donations entre-vifs,* sect. III, art. 3, § 5, *in fine.* Delvincourt, II, p. 244. Duranton, VIII. 339.

Une fois ces biens rentrés fictivement, c'est de leur estimation que dépendra la solution de la question de savoir si la quotité disponible a été ou non dépassée. Tant que le donateur vit, le point de savoir s'il y aura, ou non, lieu à réduction reste incertain. Il a pu faire, étant très-riche, des donations qui n'atteignaient pas un dixième de sa fortune, et cependant il y aura réduction : de même il a pu donner toute sa fortune sans qu'on opère la réduction au jour de sa mort, s'il est devenu assez riche pour que toute sa fortune, au jour de la donation, ne soit plus qu'une petite portion de son patrimoine. On se reporte donc au moment de la mort pour estimer les biens. § 2, *II. de lege Falcidia,* 2, 22; *l.* 56. *pr.*; *l.* 73. *pr. ff. ad legem Falcidiam,* 35, 2.

Une donation d'une grande valeur, au jour où elle est faite, peut n'être pas réduite, parce que l'aspect de la chose donnée a changé par un cas fortuit. Nous venons de parler des changements survenus dans la fortune du disposant; il s'agit ici de ceux qui s'opèrent dans la chose donnée. Si elle était restée dans la main du disposant, elle y aurait été aussi bien atteinte par les cas fortuits qui l'ont frappée dans celles du donataire; elle doit donc compter dans l'estimation générale pour ce qu'elle vaut au jour de la mort : c'est alors seulement qu'on la fait compter, sans qu'il y ait lieu aux distinctions que l'on fait en matière de rapport.

Quand il s'agit du rapport des immeubles, le successible peut très-bien aliéner celui qu'il a reçu par avancement d'hoirie : le tiers auquel il en concède la propriété reste propriétaire incommutable, au lieu que l'action en réduction suit l'immeuble dans la main des tiers détenteurs. De là, des conséquences quant à l'estimation de la valeur de l'immeuble : dans le cas de rapport, lorsque le successible, que nous ne supposons pas réservataire, a aliéné l'immeuble avant l'ouverture de la succession, par une disposition de la loi plus ou moins équitable, on en estime la valeur à l'ouverture de la succession ; si, au contraire, le donataire ne l'a pas aliéné, on estime la valeur de l'immeuble au jour du partage, soit que le rapport ait lieu en nature, soit qu'il se fasse en moins prenant, par la circonstance qu'il y a des immeubles de même nature, valeur et bonté dans les lots des autres copartageants. 859, 860, 861, 865. ZACHARIÆ, § 634.

Au contraire, en matière de réduction, il ne faut faire aucune distinction : la détermination de la valeur, pour savoir s'il y aura lieu à la revendication des immeubles afin de les faire rentrer dans la succession, sera faite au jour de l'ouverture de la succession.

Mais cette estimation n'aura lieu qu'en tenant compte de leur *état à l'époque de la donation*. La loi entend par là la configuration matérielle qu'avait le bien à cette époque. Ainsi le donataire a ajouté une aile ou un étage à la maison qui lui avait été donnée : pour savoir si, au jour de la mort du *de cujus*, la donation excède la quotité disponible, on prendra la maison dans l'état matériel qu'elle avait au jour de la donation, ou du moins dans cet état matériel tel qu'il a pu être changé par des cas fortuits. Si des changements ont eu lieu par le fait de l'homme, on défalquera ce qu'ils ajoutent à la valeur de l'objet donné, car il n'est pas juste de comprendre dans la donation ce dont le donateur n'a pas fait les frais, et c'est le reste de la valeur de l'immeuble qui sera compris dans la masse.

Si l'augmentation de valeur résultant d'un cas fortuit, tel que l'ouverture d'une route, d'un chemin de fer, etc., avait une origine postérieure aux changements opérés par le donataire, comme l'accroissement porte à la fois sur les biens donnés et sur l'addition, après avoir retranché la plus-value provenant du fait du donataire, on retranchera en outre une part proportionnelle de la plus-value résultant des circonstances extrinsèques.

Réciproquement, le donataire devra tenir compte des dégradations qu'il aurait commises.

On devra appliquer le même mode d'évaluation aux meubles donnés entre-vifs; on examinera leur état matériel au jour de la donation, et leur valeur au jour de l'ouverture de la succession.

On a cependant contesté ce mode d'évaluation à cause de l'art. 868, qui dit que le rapport du mobilier se fait en moins prenant, et sur le pied de la valeur au jour de la donation. La donation de meubles que j'ai faite à un héritier présomptif est sujette à rapport, suivant la valeur au jour de la donation : il sera censé avoir reçu la somme que valaient ces objets; car, pour en avoir de semblables, il eût dépensé cette somme : on le regarde comme l'ayant reçue, et acheté avec elle lesdits objets mobiliers. Pourquoi ne pas appliquer la même idée quand il s'agit de réduction, et admettre que le donataire sera censé avoir reçu la somme que valaient les objets donnés, et qu'il eût dépensée pour en avoir de semblables, si on ne lui en avait pas fait donation ? Il y a la même raison d'interpréter ainsi les donations de meubles, et celles de sommes d'argent; et l'on ne voit pas pourquoi on ferait une différence entre la réduction et le rapport : cela est d'autant plus bizarre, que cette estimation dépendra du choix du donataire; car s'il accepte la succession, il se soumet au rapport de la somme que valaient les objets donnés au jour de la donation : s'il déclare y renoncer, et qu'il y ait des héritiers réservataires, on se place dans une question de réduction, et il faut appliquer l'art. 922, c'est-à-dire faire une estimation des objets sur leur valeur au jour de l'ouverture de la succession. Il y a là une condition qui résulte du fait potestatif de l'héritier. Il y a encore une bizarrerie plus grande : si le don excède la

quotité disponible et a été fait par préciput, pour savoir
s'il y a eu excès, on estimera les meubles suivant leur valeur
au jour de l'ouverture de la succession, et, après que l'enfant aura retenu le taux de la portion disponible, l'excès
qu'il devra rapporter sera calculé suivant sa valeur au jour
de la donation. Il peut y avoir injustice quand on a donné
des denrées dont le cours est variable, parce que, si elles
valent plus au jour du décès qu'à celui de la donation, on
comptera comme ayant été donnée une somme qui ne l'a pas
été. Enfin l'art. 948, en voulant que l'on joigne un état esti-
matif à la donation d'objets mobiliers, serait presque sans
utilité, parce qu'on irait ainsi contre son principal but,
celui d'éviter des contestations sur l'estimation des biens.
Aussi quelques personnes proposent de suivre cette distinction. DURANTON, VIII. 342.

Ces raisons sont fortes, et si l'on avait à faire la loi, il
faudrait peut-être la faire dans ce sens, et y introduire plus
d'unité: car si la décision du législateur est bonne en matière
de rapport, il faut aussi la donner en matière de réduction,
et réciproquement. Mais il s'agit d'interpréter une loi faite,
et il se trouve que, dans la discussion au conseil d'État
(séance du 12 ventôse an XI), Tronchet proposa d'estimer
les meubles suivant leur valeur au jour de la donation, si
l'on voulait que le donataire rendît exactement ce qu'il avait
reçu; que la règle qui était juste en matière d'immeubles
devenait fausse à l'égard des meubles, parce qu'ils doivent
diminuer de valeur. Bigot-Préameneu répondit qu'il y
avait une grande différence entre le rapport et la réduction, le premier n'ayant pour but que de rétablir l'égalité entre les copartageants, l'autre, de compléter la
légitime; ensuite, que le donataire a eu le droit de disposer, d'user et d'abuser pendant toute la vie du donateur, c'est-à-dire pendant le temps que la donation, ne
pouvant être attaquée, lui accordait les droits d'un pro-

priétaire incommutable, au lieu que l'héritier a su, dès le principe, que sa donation était sujette à rapport.

La proposition de Tronchet fut donc rejetée, par ce motif qui n'est pas sans valeur, que le donataire en avancement d'hoirie sait qu'il est soumis en tout cas à la condition du rapport; tandis que le donataire par préciput, auquel on a fait un avantage dans un temps où il a pu penser que la fortune du disposant le permettait, ne s'est pas attendu à l'action en réduction, et qu'il faut être moins sévère à son égard. Quant à l'art. 948, s'il devient inutile en matière de réduction, il lui restera son utilité, toujours fort grande, en matière de rapport. Toullier, V. 139 et 140. Zachariæ, § 684 *bis* et note 3. Merlin, *Rép.*, v° *Réserve,* sect. III, § 2, n° 2.

Malgré ces raisons, il vaudrait peut-être mieux que la loi fût dans l'autre sens, car si elles s'appliquent au cas où les meubles ont diminué de valeur, elles ne s'appliquent pas à celui où cette valeur a augmenté; tel serait celui d'un don en grains, en denrées coloniales, etc. Dans ce cas, on a proposé d'appliquer l'art. 868, parce que le Code met ces choses sur la même ligne que l'argent comptant, vu leur grande facilité à pouvoir être vendues; mais les rédacteurs du Code ont encore prévu ce cas pour le mettre sur la même ligne : car, après la réponse que Bigot-Préameneu fit à l'amendement proposé par Tronchet, on voit que Berlier ajouta que d'ailleurs la réduction ne tombe jamais sur les fruits; or la jouissance est, à l'égard des choses fongibles, ce que la perception des revenus est à l'égard des choses frugifères. On a donc pensé aux choses fongibles, et alors on a aussi bien pensé au cas où elles augmenteraient qu'à celui où elles diminueraient de valeur.

Cette estimation des biens au moment de la mort sera également applicable au cas où le *de cujus* aurait fait avec l'un de ses réservataires le pacte de l'art. 918, sans le consentement des autres. On la suivra aussi dans les cas où il aurait fait à un étranger une donation déguisée : il en sera encore de même pour les avantages indirects ; le tout, s'il s'agit d'avantages faits en pleine propriété.

Mais l'art. 917 donne une règle différente lorsqu'il s'agit d'avantages ne portant que sur les revenus. Cet article est ainsi conçu : « Si la disposition par acte entre-» vifs ou par testament est d'un usufruit ou d'une rente » viagère dont la valeur excède la quotité disponible, les » héritiers au profit desquels la loi fait une réserve, auront » l'option, ou d'exécuter cette disposition, ou de faire » l'abandon de la propriété de la quotité disponible. »

On suppose que le *de cujus*, ayant des héritiers à réserve, a fait des donations d'usufruit ou de rentes viagères. Ces donations sont d'une valeur fort incertaine, car elle dépend de la santé, de la profession, de l'âge du donataire, en un mot de la probabilité de sa plus ou moins longue existence ; et alors la libéralité est plus ou moins considérable.

Un homme a 100000 francs de fortune et trois enfants ; la portion disponible est de 25 000 francs : si, par son testament, il crée une rente viagère de 2500 francs, et que le légataire meure au bout de deux ans, il y a bénéfice ; s'il meurt plus de dix ans après, et que l'héritier retire 5 pour 100 de ces 25 000 francs, il se trouvera en perte annuelle de 1250 francs. De même, si je donne l'usufruit de la moitié de tous mes biens, les circonstances seules détermineront si une pareille donation équivaut à celle du quart de la pleine propriété.

Dans l'ancien Droit, il fallait faire le calcul, ce qui entraînait des complications énormes et était la source d'une multitude infinie de procès. Le Code, suivant sur ce point l'esprit qui a dicté l'art. 612, a laissé aux héritiers le soin de faire le calcul ; il ne le fait pas pour eux.

Il est possible que cette option déplaise au légataire ; il se peut qu'il préfère une rente viagère à un capital une fois donné, et dont il sera forcé de surveiller le placement, etc. ; malgré cela, il est à la discrétion des héritiers, *quand la valeur excède la quotité disponible*.

Il ne faut pas tirer de ces mots la conclusion, que l'on doive d'abord estimer la rente pour faire ensuite le choix : cette opinion a été cependant mise en avant par M. Jaubert, dans son Rapport au Tribunat, et ensuite adoptée par Levasseur (*Portion disponible*, n° 86). L'article marche dans une voie opposée : il laisse à l'héritier seul le calcul de la vie probable du donataire ou du légataire ; si son estimation ne devait pas être acceptée, on irait contre le but de l'article, et l'on tomberait dans les incertitudes que l'on a voulu éviter.

Il ne faudrait cependant pas donner non plus à l'héritier un pouvoir tellement absolu, qu'il pût faire cet abandon uniquement pour se débarrasser du service de la rente, quand il n'est pas obligé de servir plus que le revenu de la quotité disponible : le législateur n'a eu en vue que le cas où la disposition empiéterait sur les revenus de la réserve ; quand cet empiètement n'a pas lieu, on ne doit rien y changer, le *de cujus* pouvait disposer de la pleine propriété, à plus forte raison a-t-il pu disposer de l'usufruit. Il faut donc que cet usufruit, ou cette rente viagère excède les revenus de la quotité disponible.

Dans l'ancien Droit, on discutait la question de savoir si, dans ce cas, l'héritier devait abandonner la propriété de la portion disponible, ou s'il pouvait faire réduire la disposition excessive en usufruit au revenu de la quotité disponible. Ricard et Renusson (*Traité des propres*, chap. III, sect. III, § 10) professaient cette dernière opinion ; Chabrol (*Sur la Coutume d'Auvergne*, tit. XII, art. 41) admettait la première ; Dumoulin hésitait (RENUSSON, *l. cit.*, § 11). C'est la première opinion que le Code a suivie, le donateur n'ayant pas ici l'option comme lorsqu'il fait des dons à son conjoint. Dans le cas de l'art. 1094, s'il ne donne que de l'usufruit, sa volonté est certaine, il n'a voulu rien ajouter en propriété; il faut donc réduire la donation excessive à la moitié en usufruit. Mais quand il a donné à un étranger, comme le Code a introduit une règle contraire à celle du projet qui ne permettait pas de donner en usufruit une valeur plus grande que celle du revenu de la portion disponible, si le donateur a fait une disposition excessive, sa volonté reste incertaine; il y aurait arbitraire dans la décision du juge qui y suppléerait d'une manière ou d'une autre. Les héritiers sont plus à même de la connaître; et enfin, ni eux ni les donataires ne peuvent se plaindre, les premiers ayant un moyen de s'affranchir de la rente, les autres acquérant la propriété de tout ce dont on peut priver les héritiers en remplacement d'un simple usufruit. MERLIN, *Rép.*, v° *Réserve*, sect. III, § 3, n° 2. TOULLIER, V. 141, 142. DURANTON, VIII. 345. DEMANTE, *Programme*, II. 280.

S'il y a plusieurs héritiers, chacun pourra exercer ce droit pour sa part, car il n'a rien d'indivisible; et l'on ne saurait argumenter des art. 1670 et 1685, qui veulent que les héritiers s'entendent entre eux lorsqu'il s'agit d'exercer une action en réméré ou en rescision, pour dire que, dans le cas de l'art. 917, les héritiers devront s'entendre; autrement qu'on devra exécuter la disposition. En effet, dans ces art. 1670 et 1685, il s'agit de l'accomplissement d'une condition résolutoire dont l'effet réagira contre les tiers: la loi a pensé, et avec raison, qu'il fallait que cette action fût exercée pour le tout, ou qu'elle ne le fût pas, pour éviter la complication qu'en entraînerait l'exercice partiel, et parce que l'acheteur a fait acquisition d'un tout et non de la collection de plusieurs parcelles; il peut donc se refuser, quand on agit contre lui, à céder une partie matérielle ou indivise. Il n'y a là nulle analogie avec l'art. 917, qui ne parle que de la transformation d'un droit viager en un droit de pleine propriété; et, quant aux tiers qui pourraient avoir acquis des droits sur cet usufruit, ils n'ont pas à se plaindre, puisqu'ils pourront les exercer sur une pleine propriété. Toullier, V. 143. Merlin, *Rép.*, v° *Réserve*, sect. III, § 3, n° 2, *in fine.* Marcadé, *Sur l'art.* 917, n° II. — *En sens contraire :* Duranton, VIII. 346.

L'art. 917 trouve sans difficulté son application dans deux cas: quand la disposition en usufruit ou en rente viagère est la seule; quand elle vient la dernière, après plusieurs dispositions en pleine propriété. Dans ce cas, on exécute les autres, en commençant par les plus anciennes, et l'on abandonne ce qui reste au donataire de l'usufruit.

Mais il faudra arriver à cette estimation quand le donateur a fait plusieurs dispositions successives toutes en usufruit, ou qu'après avoir fait une disposition en usufruit, il a fait des dispositions en pleine propriété, ou qu'enfin il a fait dans son testament, et des dispositions en pleine propriété, et des dispositions en usufruit.

Il est certain que, dans tous ces cas, les réservataires peuvent faire l'abandon de la quotité disponible à tous les donataires ou légataires en masse ; ce n'est que dans le règlement qui aura lieu entre eux qu'il faudra procéder à cette estimation. Ainsi, dans le cas de deux dispositions successives en usufruit, ou de dispositions en pleine propriété venant après une disposition en usufruit, quand même chacune d'elles n'excéderait pas la quotité disponible, on estimera la première, et l'on donnera à ce donataire la portion de la quotité disponible qui lui revient ; le reste appartiendra au second donataire: si les dispositions sont simultanées, ou faites par testament, la réduction portera sur toutes au marc le franc.

La valeur en pleine propriété de ces dons en usufruit sera établie d'après les règles du calcul des probabilités sur la vie humaine: on pourra suivre la *l.* 68 *ff. ad legem Falcidiam*, 35, 2 ; on pourra estimer l'usufruit à la moitié en pleine propriété : les tribunaux jouissent à cet égard du pouvoir discrétionnaire le plus étendu; la loi du 22 frimaire an VII, d'où vient cette estimation à la moitié de la propriété, n'est qu'une loi fiscale qui ne peut être obligatoire en matière civile.

Enfin, ce sera par rapport au revenu total de la masse formée d'après l'art. 922, que se calculera l'excès des dispositions en revenu; peu importe que les biens soient, ou non, susceptibles de produire davantage.

Mais il ne faudrait pas appliquer l'art. 917 au cas inverse, celui où une personne aurait donné l'usufruit de tous ses biens à ses enfants, et la nue propriété à des étrangers. Ses termes et son esprit s'y opposent, car il a été rédigé en faveur des enfants, pour qu'ils ne soient pas grevés par des charges trop lourdes. Mais, dans cette hypothèse, il n'en est pas de même. Le *de cujus* peut grever la quotité disponible de telles charges qu'il jugera convenable; ici, il a voulu réserver tout l'usufruit à ses enfants: quant aux étrangers, il n'a jamais pu leur donner que la quotité disponible; mais, comme elle est grevée de l'usufruit des enfants, ils ne l'auront qu'en nue propriété.

§ III. — *Des libéralités qui s'imputent sur la quotité disponible.*

La quotité disponible étant calculée, et le chiffre de la fortune du défunt étant connu, il s'agit de savoir dans quelles limites il a usé de son droit de disposer: cette opération porte le nom d'*imputation*.

En premier lieu, on doit imputer sur la quotité disponible tous les avantages faits directement, soit à un étranger, soit à un successible avec dispense de rapport. Telle est la disposition de l'art. 919: « La quotité disponible pourra
» être donnée en tout ou en partie, soit par acte entre-vifs,
» soit par testament, aux enfants ou autres successibles du
» donateur, sans être sujette au rapport par le donataire

» ou le légataire venant à la succession, pourvu que la
» disposition ait été faite expressément à titre de préciput
» ou hors part.

» La déclaration que le don ou le legs est à titre de pré-
» ciput ou hors part pourra être faite, soit par l'acte qui
» contiendra la disposition, soit postérieurement dans la
» forme des dispositions entre-vifs ou testamentaires. »

C'est une question controversée de savoir si l'avantage
déguisé fait à un successible est de plein droit dispensé du
rapport. Quelle que soit la solution que l'on adopte en
général, à ce sujet, le Code donne une solution textuelle
dans plusieurs cas.

Un premier se trouve dans l'art. 1079 : l'avantage résultant d'un partage fait par un ascendant est présumé fait
avec dispense de rapport, et sera, comme tel, imputé sur
la quotité disponible. Chabot, *Sur l'art.* 843, n° 9.

En second lieu, l'art. 918 dispense du rapport dans deux
cas : « La valeur en pleine propriété des biens aliénés,
» soit à charge de rente viagère, soit à fonds perdu, ou
» avec réserve d'usufruit, à l'un des successibles en ligne
» directe, sera imputée sur la portion disponible ; et l'excé-
» dant, s'il y en a, sera rapporté à la masse. Cette impu-
» tation et ce rapport ne pourront être demandés par ceux
» des autres successibles en ligne directe qui auraient con-
» senti à ces aliénations, ni, dans aucun cas, par les suc-
» cessibles en ligne collatérale. »

Il n'y a, en réalité, que deux cas prévus dans l'art. 918,
bien qu'il semble en énoncer trois, car la vente moyennant
une rente viagère est une variété de l'aliénation à fonds
perdu. On entend par là toute aliénation faite de manière
que le fonds sort du patrimoine du vendeur, si bien qu'à sa
mort ses héritiers n'en trouvent dans sa fortune aucun équi-
valent : tel est le cas de la vente moyennant une rente
viagère, de celle moyennant un usufruit que l'on aurait sur
les autres biens de l'acheteur ; en un mot, quand on aliène

moyennant des prestations qui ne sont exigibles que pendant la vie du vendeur. Il ne faut donc pas admettre que l'on doive décider de même dans le cas d'aliénation moyennant une rente perpétuelle, parce qu'alors, bien que le capital ne soit pas exigible dans le cours ordinaire des choses, il pourra le devenir si le débiteur de la rente ne remplit pas ses obligations, et que, pendant qu'il les remplit, les arrérages de la rente sont la représentation des fruits qu'aurait produits le capital, et que les débiteurs de ladite rente ne peuvent jamais s'en libérer qu'en payant le capital. TOULLIER, V. 131. *Rejet*, 12 novembre 1827. — *En sens contraire :* DURANTON, VII. 334.

Le second cas est celui des aliénations avec réserve d'usufruit qui ne sont pas à fonds perdu. Ainsi, une personne pourrait vendre sa maison moyennant une rente viagère et s'en réserver l'usufruit; cette aliénation serait atteinte comme étant en même temps à fonds perdu. Mais la vente pure et simple de la maison, payée comptant, avec réserve d'usufruit, n'est nullement à fonds perdu: il y a quelque chose, le prix payé, qui reste dans la fortune de celui qui aliène; l'aléat n'existe que par rapport à l'usufruit: pour prohiber cette convention, il fallait une disposition expresse, car ce n'est pas une aliénation à fonds perdu.

Il en sera de même de la vente de la nue propriété moyennant une somme fixe, avec réserve de l'usufruit, car les mots de l'article *avec réserve d'usufruit* ne comportent aucune distinction, et que, vendre la nue propriété, ou vendre la propriété avec réserve d'usufruit, sont même chose, et pour l'acheteur et pour le vendeur. TOULLIER, *l. cit.* MERLIN, *Rép.*, v° *Réserve*, sect. III, § 3, n° 3.

Dans l'ancien Droit, quelques coutumes seulement annulaient ces dispositions; le droit commun était que l'on pouvait faire cet acte avec l'enfant comme avec un étranger, sauf la preuve en fait de l'avantage dans les deux cas. MERLIN, *Rép.*, v° *Rapport à succession*, § 3, n° 5.

Ce fut la loi du 17 nivôse an II, art. 26, qui, pour empêcher que l'on éludât la prohibition portée par l'art. 21, d'être à la fois successible et donataire, défendit toutes aliénations à charge de rente viagère ou à fonds perdu, soit en ligne directe, soit en ligne collatérale; mais elle n'avait nullement entendu défendre les ventes avec réserve d'usufruit qui n'étaient pas faites à fonds perdu. (MERLIN, *Quest.*, v° *Vente à fonds perdu*). Sous ce rapport, le Code est plus sévère que la loi de nivôse, et avec raison, parce que ce moyen est aussi souvent employé et aussi commode que l'autre pour déguiser des libéralités faites à un successible (1).

D'un autre côté, la loi de nivôse allait plus loin que le Code, car elle déclarait ces donations nulles, tandis que le Code les déclare simplement réductibles : annuler ces donations eût été trop contraire à la liberté des conventions ; les maintenir absolument, sans faire de distinctions, eût été compromettre, ruiner les autres successibles, à l'aide d'un acte qui n'eût été qu'une donation : aussi le Code a-t-il distingué entre la transmission de la propriété et sa valeur; rien n'empêche que la propriété ne reste à l'acquéreur: quant à la valeur, on interprète libéralement la volonté du *de cujus* en considérant cette disposition comme une donation faite par préciput; il faut donc rapporter l'excédant. *Rapport au Tribunat*, par M. JAUBERT.

---

(1) L'art 26 de la loi de nivôse est ainsi conçu: « Toutes donations à » charge de rentes viagères, ou ventes à fonds perdu, en ligne directe ou » collatérale, à l'un des héritiers présomptifs ou à ses descendants, sont » interdites; à moins que les parents du degré de l'acquéreur et des degrés » plus prochains n'y interviennent et n'y consentent.

» Toutes celles faites sans ce concours, depuis et compris le 14 juillet 1789, » aux personnes de la qualité ci-dessus désignée, sont annulées, sauf à » l'acquéreur à se faire rapporter, par son donateur ou vendeur, ou par ses » héritiers, tout ce qu'il justifiera avoir payé au delà du juste revenu de la » chose aliénée; le tout, sans préjudice des coutumes ou usages qui auraient » invalidé de tels actes, passés même avant le 14 juillet 1789. »

Il suit de là que si l'aliénation est ainsi faite à un étranger, elle conservera son caractère d'aliénation ; dans ce cas, la donation déguisée est beaucoup moins à craindre, car de telles donations seront beaucoup moins fréquentes. De plus, c'eût été gêner hors de toute mesure des conventions souvent dictées par la nécessité, et que le père fera plutôt avec un étranger qu'avec un enfant, parce que cela lui offrira plus de garanties.

Il en sera de même, et d'après la loi de nivôse, et d'après le Code civil, lorsque les successibles en ligne directe auront consenti à l'acte, parce qu'alors ils en auront reconnu la sincérité ; c'est là une exception au principe de l'art. 1130, qui défend les pactes sur successions futures : aussi faut-il la renfermer dans des limites étroites, et considérer comme nulle et de nul effet toute intervention des héritiers dans des actes autres que ceux que nous avons indiqués.

Mais si, à la mort du vendeur, les réservataires étaient d'une qualité telle qu'ils n'eussent pas été représentés par ceux qui se trouvaient avoir consenti à l'aliénation, pourront-ils attaquer l'acte? Ainsi, un père ayant deux enfants, vend à l'un, avec réserve d'usufruit, du consentement de l'autre ; à sa mort, il laisse trois enfants : ce troisième enfant pourra-t-il attaquer l'acte intervenu entre son père et ses frères? L'art. 26 de la loi de nivôse, en exigeant l'intervention des *parents du degré de l'acquéreur et des degrés plus rapprochés*, décidait la question dans le sens de la négative, car le mot *parents* se rapporte évidemment à un temps où il n'y a pas encore de succession ouverte. Au lieu du mot *parents,* le Code s'est servi du mot *successibles,* et de ce changement on a conclu qu'il permettait d'attaquer la convention à ceux des héritiers au jour de la mort, qui, n'existant pas lorsqu'elle a été faite, n'avaient pas été représentés par ceux qui l'avaient approuvée (ZACHARIÆ, § 684 *ter*, note 10. DELVINCOURT, II, p. 438 ; *Cass.*, 25 nov. 1839).

Dans cette opinion, on considère le mot *successibles* comme signifiant ceux qui viennent réellement à la succession. Cependant il ne paraît pas que le Code ait toujours employé les mots *successible* et *héritier* comme synonymes : le mot *successible* indique l'idée d'une aptitude en général; et quand cette aptitude doit exister à un moment donné, on dit d'une manière positive, *le successible au jour de la successio* 846, 847. Ce fut sur la proposition de Berlier que cette disposition fut ajoutée, et bien qu'il se soit servi du mot *cohéritier,* il est assez probable qu'il a demandé cette addition pour introduire dans le Code l'utile exception portée par la loi de nivôse; mais rien n'indique que l'on ait voulu y déroger d'une manière aussi grave. TOUL-LIER, V. 132, note. MERLIN, *Rép.,* v° *Réserve,* sect. III, § 3, n° 3.

Les présomptions des art. 911 et 1100 ne doivent pas s'appliquer ici, parce que les présomptions légales ne peuvent s'étendre au delà des cas pour lesquels elles sont faites, et comme il s'agit ici d'une présomption établie pour empêcher de dépasser la quotité disponible entre les enfants, on ne peut la compléter par des présomptions établies contre des incapables, ou en faveur d'enfants issus d'un précédent mariage contre le second conjoint. La loi de nivôse interdisait ces conventions avec le descendant du successible qu'elle réputait ainsi personne interposée; le Code, n'ayant pas reproduit cette disposition, a entendu exclure les cas de présomptions analogues. MARCADÉ, *Sur l'art.* 918, n° II.

Le Code interdisant d'une manière générale les ventes à fonds perdu faites à un réservataire, il paraît indifférent qu'elles soient faites à celui-ci ou à un étranger qui aurait pu être employé par le père pour servir à ses desseins. *Rejet,* 7 août 1833. Cette solution ne s'appliquerait pas aux ventes dans lesquelles il céderait la nue propriété au fils, et l'usufruit à un autre; car par l'emploi du mot *réserve* on entend le cas où il veut conserver pour soi l'usufruit, tandis que, quand il vend l'usufruit à l'un, et la nue propriété à l'autre, c'est comme s'il avait vendu la pleine propriété: il faudra donc maintenir ces deux actes.

Si, ayant vendu la nue propriété à son héritier, il donnait l'usufruit à une autre personne, cette disposition ne rentrerait pas non plus dans la prohibition de l'art. 918, pas plus que s'il avait commencé par donner l'usufruit à un étranger et vendu ensuite la nue propriété à son fils.

Il faut qu'il y ait réserve d'usufruit. Mais quant à la disposition à fonds perdu, le Code pas plus que la loi de nivôse n'a fait de distinctions.

Comme la loi pose ici une présomption de donation, cette présomption existe pour le tout; de sorte que l'on ne pourrait, sans violer l'art. 1352, prouver contre l'art. 918 que l'on a réellement payé des arrérages, et répéter ce qui a été payé au delà des justes revenus de la chose donnée, ce qui pourra constituer le donataire en perte: mais il a été en faute; il devait en présence de l'art. 918, ou ne pas faire la convention, ou faire intervenir ses cohéritiers.

On a cependant prétendu que, comme l'art. 26, § 2, de la loi de nivôse décidait en sens contraire, on devait admettre cette décision sous le Code civil, et que la discussion au conseil d'État est dans ce sens. DURANTON, VII. 337. MALEVILLE, *Sur l'art*. 918.

A cela il faut répondre que l'art. 26, § 2, de la loi de nivôse permettait de demander le rapport de ce qui aurait été payé au delà du revenu, mais seulement pour les donations faites depuis le 14 juillet 1789 jusqu'au jour de sa promulgation, lesquelles étaient rétroactivement annulées; pour les autres on n'admettait pas une règle semblable. Et quant à la discussion du Code, elle prouverait plutôt le contraire; car dans la séance du 28 pluviôse an XI, où fut discuté l'article 918, Portalis l'attaqua en disant qu'il serait injuste que l'enfant perdît ce qu'il aurait payé au delà du revenu des biens. Maleville était d'avis qu'il fallait défendre le contrat de vente entre le père et ses enfants ; malgré cela, l'article fut adopté avec l'amendement de Berlier, qui permettait l'intervention des autres successibles : on pensa que cette intervention serait suffisante pour écarter les fraudes. MERLIN, *Rép.*, v° *Réserve*, sect. III, § 3, n° 7. TOULLIER, V. 133.

La loi de nivôse, dans le but de maintenir l'égalité entre les héritiers, avait prohibé les ventes à fonds perdu, même à un successible collatéral : la réserve des cinq sixièmes établie en leur faveur devait être ainsi respectée. Le Code, en supprimant toute réserve en faveur des collatéraux, a par cela même supprimé toute disposition ayant pour but de la faire respecter ; cependant on lit, à la fin de l'article, *ni dans aucun cas, par les successibles en ligne collatérale*. Cette phrase semble parfaitement inutile aujourd'hui ; toutefois on a cherché à lui donner un sens.

M. Toullier (V. 134) en tire la conséquence, que les aliénations à fonds perdu faites à un étranger ou à un collatéral ne sont pas présumées faites à titre gratuit, et qu'il faudra prouver la fraude si l'on prétend qu'elles sont le résultat d'une captation. Cela est parfaitement vrai ; mais ce n'est pas ce que dit l'article, qui parle de l'aliénation consentie à un successible en ligne directe.

M. Duranton (VII. 331, 4°) pense que cet avantage est de plein droit dispensé du rapport, quand même on prouverait qu'il y a eu réellement avantage. Mais c'est encore voir dans l'art. 918 autre chose que ce qui y est : car, par le mot *rapport,* en disant que l'excédant de la donation sera *rapporté* à la masse, on entend parler de réduction ; et la suite de l'article, en disant *ce rapport*, n'a pas entendu employer le mot dans un autre sens qu'au commencement. Il est donc bien vrai que les collatéraux ne peuvent demander la réduction d'un acte ainsi fait, ni contre l'un d'entre eux, parce qu'il est alors réputé à titre onéreux, ni contre un successible en ligne directe; le motif en est qu'ils n'ont droit à aucune réserve.

Ce n'est qu'en se reportant à la discussion que l'on peut expliquer comment ces mots se trouvent dans le Code. Le projet du titre *Des donations*, adopté par le conseil d'État dans la séance du 12 ventôse an XI, accordait une réserve aux frères et sœurs (art. XXIII, §§ 3, 4, 5), mais seulement contre les libéralités testamentaires, et non contre les donations entre-vifs (art. XXX, § 2). Il pouvait alors être utile de dire qu'ils ne pourraient pas agir contre les ventes à fonds perdu, quand même on les réputerait libéralités, car on aurait pu prétendre que la loi permettait de les dépouiller ostensiblement, mais non d'une manière cachée, et que dans l'art. XXX, § 2, en parlant des donations, on n'avait entendu parler que des véritables donations, et non des actes réputés tels en vertu d'une présomption. L'art. XXVIII du projet présenté au Tribunat (devenu l'art. 918) pouvait donc être fort utile sous ce rapport.

Mais le Tribunat ne partagea pas l'avis du conseil d'État. Après une longue discussion sur la réserve des frères et sœurs, il en demanda la suppression, qui fut admise par le conseil, dans la séance du 24 germinal an XI. Cette suppression entraînait celle du paragraphe 2 de l'art. XXX, laquelle eut lieu en effet, aussi sur la demande du Tribunat, et celle de la fin de l'art. XXVIII, que l'on oublia de demander; et on laissa dans la rédaction définitive une phrase qui ne présente plus aujourd'hui aucun sens.

Après l'imputation des donations faites avec dispense de rapport, vient celle des donations faites par avancement d'hoirie. Deux circonstances peuvent se présenter : le donataire en avancement d'hoirie peut accepter la succession; il peut y renoncer.

Premier cas. — L'héritier donataire en avancement d'hoirie accepte la succession.

Un premier système consisterait à dire que l'avancement d'hoirie n'étant qu'une donation devra, comme toute donation, s'imputer sur la quotité disponible, et que dès lors le donataire ou légataire étranger, venant après qu'elle a été épuisée en tout ou en partie, ne pourra avoir que ce qui restera. Ainsi, une personne, ayant 400 000 francs de fortune et trois enfants, leur a fait des donations pour 350 000 francs; la quotité disponible est dépassée de beaucoup: le donataire postérieur ne pourra donc rien avoir dans les 50 000 francs qui restaient entre les mains du donateur.

Ce système conduit à des conséquences inadmissibles : les dons en avancement d'hoirie faits aux enfants à cause de mariage forment, avec les donations entre époux, la classe la plus nombreuse des donations, et dépassent souvent la quotité disponible. Il en résulterait que tout père, qui dote un enfant jusqu'à cette limite, n'aurait plus rien à léguer, même pour récompenser de légers services : ce serait contraire aux héritiers présomptifs, car le père se garderait de leur faire de tels avantages, dans la crainte de ne pouvoir plus, par la suite, disposer de rien ; car plus il aurait doté convenablement ses enfants, moins il lui resterait de liberté de disposer. Enfin, en donnant *un avancement d'hoirie,* on a entendu donner un à-compte sur la succession ; et si l'enfant accepte, cet à-compte sera pris sur sa part héréditaire, par conséquent sur sa part dans la réserve qui est une portion de la succession ab intestat. Le donataire postérieur devra donc avoir quelque chose.

Combien aura-t-il?

Suivant quelques personnes, la quotité disponible devra être calculée uniquement sur les 50 000 francs restant, et il n'aura que cela, soit 12 500 francs dans notre espèce (CHABOT, *Sur l'art.* 857, n° 4). C'est une conséquence du système condamné par la Cour de Cassation dans l'arrêt du 8 juillet 1826, dont nous avons parlé dans le paragraphe précédent. Nous n'avons donc pas à y revenir.

La quotité disponible, dans l'espèce, sera de 100 000 fr., car il y a trois enfants, et la fortune du disposant sera calculée comme s'il n'y avait eu aucune disposition (922). Le légataire universel aura donc droit à 100 000 francs. Mais ce droit n'existe pour lui qu'en abstraction, parce que nous trouvons ici la véritable application de l'art. 857 qui défend aux donataires, légataires, etc., de profiter du rapport qui a lieu entre cohéritiers; car ce rapport n'a lieu entre eux que pour le maintien de l'égalité, si l'un d'eux a reçu plus que sa part héréditaire. Les 350 000 francs donnés aux enfants devront donc se partager également entre eux, et les légataires ou donataires postérieurs ne prendront leurs dons que sur les 50 000 francs dont il n'a pas été disposé. Zachariæ, § 684 *ter* et note 11.

Second cas. — L'héritier donataire en avancement d'hoirie renonce à la succession pour s'en tenir à son don.

Nous avons vu, dans notre section II, que, quand un enfant donataire renonce pour s'en tenir à son don, il ne peut cumuler la quotité disponible et la réserve. Cette donation étant réduite dans les limites de la quotité disponible, nous devons examiner ici la question fort grave de savoir comment on devra en faire l'imputation et quelle sera son influence sur les autres avantages que le testateur aurait pu faire postérieurement.

Il n'y a aucune difficulté pour le cas où tous les enfants donataires en avancement d'hoirie renoncent à la succession, car il n'y a plus pour eux de succession ab intestat, dès lors plus de réserve; ils sont de simples donataires, et les autres avantages devront se prendre sur les biens restés libres dans la succession. On suivra par analogie l'art. 923; on exécutera d'abord les plus anciennes donations, et ensuite les legs au marc le franc, s'il ne reste pas assez pour les solder dans leur totalité.

(164)

Mais si, parmi les donataires en avancement d'hoirie, les uns acceptent et les autres renoncent; et s'il y a des donataires étrangers postérieurs, de graves difficultés se présentent pour savoir quel sera l'effet de cette renonciation sur les dons faits postérieurement aux étrangers.

Dans un premier système, on dit qu'il résulte des art. 843 et 845 que la portion disponible peut être affranchie du rapport de deux manières : par la volonté du défunt, quand il dispose par préciput ou hors part, et par la volonté du donataire, quand celui-ci renonce après avoir reçu un simple avancement d'hoirie ; que le donateur savait qu'il en pouvait être ainsi, et qu'il devait s'attendre à ce que les libéralités qu'il aurait faites postérieurement se trouveraient annulées par l'effet de cette renonciation. On ajoute qu'aux termes de l'art. 785, l'héritier qui renonce est censé n'avoir jamais été héritier, et que dès lors la donation qui lui est faite doit, comme celle de tout étranger, s'imputer sur la quotité disponible ; que, de plus, n'étant pas héritier, il ne peut avoir aucune espèce de droit sur la réserve ; que l'art. 845 ne l'exprime pas textuellement, mais qu'en disant d'imputer jusqu'à concurrence de la quotité disponible, c'est comme s'il disait d'imputer sur cette quotité.

Cependant ce système mène à un résultat déplorable. Un père fait un avancement d'hoirie à un enfant, dans la pensée qu'il acceptera sa succession, il n'a pu se priver par là du droit de récompenser des services qui lui auraient été rendus. Il pouvait prévoir, dit-on, cette renonciation ; mais il est plus certain qu'il ne comptait pas que l'on viendrait ainsi annuler toutes les autres libéralités qu'il aurait faites. C'est là un résultat malheureux ; cependant quelques personnes pensent ne pas pouvoir y échapper. Chabot, *Sur l'art.* 845, n° 6. Levasseur, n° 143.

On a cherché plusieurs moyens pour éviter ce résultat : quelques personnes avaient pensé qu'il fallait calculer la quotité disponible sur ce qui restait de biens entre les mains du *de cujus;* que c'était cette quotité seulement que l'enfant renonçant pouvait garder, et que le reste devait servir à exécuter les autres avantages. Ainsi, le père a 400000 francs de fortune et quatre enfants; il donne 100000 francs à l'un d'eux. Si le donataire renonce pour s'en tenir à son don, on calculera la réserve sur 300 000 francs. Il ne pourra donc garder que 75 000 francs, et les 25 000 excédants serviront à accomplir les autres libéralités. Ce système est parfaitement divinatoire, et rien dans les textes de la loi ne peut le faire supposer.

D'autres auteurs, partant de cette idée que, l'héritier renonçant doit néanmoins compter pour le calcul de la réserve, pensent que le donataire en avancement d'hoirie qui renonce, imputera sa donation sur la quotité disponible, aux termes de l'art. 845, mais qu'en échange, il abandonne au *de cujus* le droit de disposer de la part qu'il aurait eue dans la réserve, si, au lieu de renoncer, il était venu à la succession. DURANTON, VIII. 369.

Nous avons réfuté le système qui consisterait à faire figurer le renonçant dans les calculs relatifs à la réserve, mais cette solution n'a d'importance que quand il reste moins de trois enfants acceptants, parce que le renonçant ne pourrait abandonner une part qu'il n'a pas; ensuite, même quand il y a trois enfants acceptants ou plus, on ne voit pas quel serait le fondement de cet échange, la base sur laquelle on s'appuierait pour autoriser, en quelque sorte, un pacte sur succession future.

Quelques auteurs, d'accord avec la jurisprudence presque unanime de la Cour de Cassation et des Cours royales, ont proposé un troisième système. D'après ces personnes, le don fait par avancement d'hoirie à un enfant qui renonce, devrait être imputé, d'abord sur sa part dans la réserve, et ensuite subsidiairement sur la quotité disponible.

Pour appuyer ce système, on part de cette idée, qu'il faut compter les héritiers renonçants dans les calculs relatifs à la réserve. On dit ensuite que l'art. 845, en permettant de retenir le don ou de réclamer le legs *jusqu'à concurrence de la quotité disponible*, n'a nullement entendu imposer l'obligation de l'imputer sur les biens composant cette quotité disponible, mais seulement qu'il fixe la valeur dans les limites de laquelle cette imputation devra se faire. (COIN-DELISLE, *Sur l'art.* 919, n° 15) (1). On ne peut pas assimiler d'une manière absolue l'héritier qui renonce, à un étranger, car il dépendrait de lui de dénaturer, par sa renonciation, le caractère de la libéralité qu'il a reçue; de plus, les biens ainsi donnés ne perdent pas leur caractère de biens donnés en avancement d'hoirie: l'art. 845, en se servant des mots *peut cependant*, indique bien que le législateur n'a pas entendu donner à la renonciation de cet héritier tous les effets que l'art. 785 semble lui donner; il n'est alors ni héritier, ni étranger, il occupe une position intermédiaire sur laquelle on est loin d'être d'accord.

Suivant les uns, sa renonciation aurait pour unique effet de le dispenser du rapport, et de l'empêcher de venir prendre part à la réserve; mais pour la part des biens qu'il détient, il reste successeur, car la chose qu'il détient est une partie de la succession (Montpellier, 17 janvier 1828; *Rejet*, 11 août 1829; Limoges, 4 décembre 1835). Cette explication n'est pas admissible; parce que de deux choses l'une : ou la renonciation faite par l'héritier est valable pour le tout, ou elle est nulle pour le tout. Quand une personne déclare qu'elle ne veut pas d'une succession qui lui est échue, il est fort arbitraire de la considérer, d'une manière ou d'une

---

(1) Cette interprétation n'est pas exacte; car dans l'art. 844, le Code se sert aussi des expressions *jusqu'à concurrence de la quotité disponible*. Il est question dans cet article de dons faits par préciput, qui doivent, par conséquent, s'imputer sur cette quotité : il est peu probable que, dans l'art. 845, le législateur se soit servi des mêmes mots pour dire précisément le contraire, quand l'enfant, par sa renonciation, se trouve dans une position à peu près semblable à celle de l'art. 844.

autre, comme ayant conservé des rapports avec cette succession ; et si l'on déclare sa renonciation nulle, il l'est tout autant de dire que, sous un certain point de vue, elle conservera ses effets.

Aussi un arrêt de Grenoble, du 30 juin 1826, déclare-t-il nulle, d'une manière absolue, la renonciation du donataire en avancement d'hoirie, quand il y a eu des donations par préciput, et que, malgré cette renonciation, il reste donataire en avancement d'hoirie, et doit rapporter le don qui lui a été ainsi fait. Cela peut être fort juste en soi ; mais c'est faire la loi, et voir dans l'art. 845 ce qui devrait peut-être y être, mais non ce qui y est réellement.

Les annotateurs de M. Zachariæ (§ 684 *ter*, note 12) expliquent cette position en disant : « Cette renonciation a
» bien pour effet de le dispenser du rapport vis-à-vis des
» autres héritiers ; mais elle n'empêche pas que le défunt,
» en disposant par avancement d'hoirie, n'ait, jusqu'à due
» concurrence, satisfait à l'obligation de laisser à ses héri-
» tiers à réserve une certaine portion de sa fortune, et n'en-
» lève pas, par conséquent, aux biens retenus ou réclamés
» par le renonçant le caractère de biens donnés en avan-
» cement d'hoirie ou à valoir sur la réserve, caractère qu'ils
» conservent dans l'intérêt des donataires ou légataires ulté-
» rieurs, qui sont à cet égard les ayants cause du défunt. »
Mais s'il est vrai que les biens ainsi donnés conservent le caractère de biens donnés en avancement d'hoirie, ce ne peut être à ce titre que le donataire les conservera, car ils ne constituent un à-compte sur la succession qu'autant qu'il y a succession ouverte, et pour le donataire il n'y a de succession ouverte qu'autant qu'il accepte ; s'il renonce, comme il n'a pas de droits sur la succession, il n'a pas pu recevoir un à-compte sur une chose à laquelle il se trouve n'avoir aucun droit.

Ensuite, cette idée que le défunt a, par cet avancement d'hoirie, satisfait à l'obligation de laisser à ses héritiers à réserve une certaine partie de sa fortune, n'est pas des plus claires; car si l'on veut entendre par là que l'avancement d'hoirie a eu pour but de remplir le renonçant de sa part dans la réserve, cela est fort contradictoire avec l'opinion de M. Zachariæ lui-même, qui pense qu'il ne peut même pas la retenir par voie d'exception; et, d'un autre côté, s'il est ici question de la réserve des enfants qui accepteront plus tard, on ne comprend pas comment, par la donation faite au renonçant, il satisferait à l'obligation de laisser aux acceptants leur réserve.

On a dit encore que les art. 843 à 845 n'avaient rien de commun avec l'art. 785; qu'ils ne s'occupaient que du partage; que, par conséquent, l'art. 845, en parlant de la renonciation, n'avait pas eu pour but le cas d'une exclusion absolue de l'hérédité, mais seulement une option entre les deux qualités de donataire et d'héritier, reposant sur le même individu (Agen, 6 juin 1829). Qu'il s'agisse d'une option, c'est vrai; ce qui ne l'est pas moins, c'est que cette option ne peut s'exercer que par une renonciation complète à la qualité que l'on ne veut pas garder.

Il n'est pas vrai non plus de dire que le don fait à un enfant en avancement d'hoirie a nécessairement pour objet une remise anticipée de sa réserve légale; que, quand il n'y a pas de dispense de rapport, ce don ne touche en rien à la portion disponible des biens du donateur, et se rattache à la réserve; que si l'enfant, même en renonçant, réclame l'exécution de ce don, il manifeste l'intention de conserver la réserve légale qu'il a reçue par anticipation. (Grenoble, 22 janvier, 22 février 1827). Ce système mènerait à admettre que l'enfant, même en renonçant, peut cependant réclamer sa réserve; car s'il peut la conserver en renonçant, c'est que, même dans ce cas, il a droit à une réserve, et s'il y a droit, il pourra la réclamer. Puis, comme la réserve est une portion de la succession ab intestat, s'il a droit à la réserve, il a droit à la succession, il pourra prendre part aux biens de la succession à laquelle il veut rester étranger.

Un autre système, beaucoup plus raisonnable, a été émis récemment par M. Devilleneuve (*Recueil des Lois et des Arrêts,* XLVI. 2. 55, en note). Il consiste à dire que le donataire en avancement d'hoirie qui renonce n'est plus héritier, qu'il est donataire, et que, comme tel, il prendra sa donation sur la quotité disponible, car pour lui le mot *réserve* n'a plus aucun sens; mais, du moment qu'on lui paye ce qui lui a été donné, peu lui importe que ce soit avec l'argent de la réserve ou celui de la quotité disponible : c'est une question que doivent vider entre eux les héritiers acceptants; ils lui donneront d'abord la part qu'il aurait eue dans la réserve s'il avait accepté, plus une part dans la portion disponible, de manière cependant qu'il ne puisse avoir plus que la valeur de cette quotité disponible; et ce qui en restera, après avoir acquitté la donation ou le legs qui lui est fait, servira à accomplir les autres dispositions du *de cujus.*

Assurément, ce système est fort ingénieux; mais, de même que tous ceux qui précèdent, il pèche par un point essentiel, car il fait compter les renonçants dans le calcul de la réserve, ce que nous croyons n'être pas exact (*ci-dessus,* pages 49 et suivantes). Sans doute, quand il reste trois enfants acceptants, on peut dire que cela est indifférent, car, quel que soit leur nombre en plus, la réserve ne sera jamais que des trois quarts, et ce mode de calculer peut encore se comprendre au moyen d'une fiction; mais, outre que l'emploi des fictions juridiques a toujours des inconvénients, on ne saurait comment l'employer quand il reste moins de trois enfants acceptants. Ainsi le défunt avait quatre enfants et 400000 fr. de fortune : Primus et Secundus, donataires chacun de 150000 fr. en avancement d'hoirie, renoncent; Tertius et Quartus acceptent. La quotité disponible, suivant nous, sera du tiers, soit

133 333ᶠ 33ᶜ; Tertius et Quartus doivent avoir chacun cette somme, puisque dans ce cas la quotité disponible est égale à une part héréditaire, art. 913. Quelle sera donc la portion dans la réserve que prendront Primus et Secundus, puisqu'ils ne comptent pas pour la former ?

Ajoutons que le système d'imputation sur la réserve, en laissant exécuter la donation faite au successible à sa date, ne pare nullement aux inconvénients que l'on suppose à l'autre : admettons que les renonçants doivent compter pour le calcul de la réserve. Dans l'exemple que nous venons de prendre, cette réserve sera de 300 000 fr. Mais on ne fait pas attention à une chose, c'est que les réservataires doivent l'avoir intacte, et que peu importe le nombre de ceux qui viendront la partager, il faudra ⟨ ⟩ ils aient toujours 300 000 fr. Dès lors Primus et Secundus, donataires qui renoncent, n'auront droit chacun qu'à 50 000 fr. ; il est indifférent qu'on les paye avec les 75 000 fr. qui reviendraient à chacun dans la réserve s'ils acceptaient, ou avec l'argent de la quotité disponible, il faudra toujours que Tertius et Quartus, acceptants, retrouvent leur réserve : s'ils ne la prennent d'un côté, ils la prendront de l'autre, et les donataires postérieurs à Primus et à Secundus n'auront rien du tout. Ce système, outre qu'il peut paraître bizarre, amène donc le même résultat que le premier, l'inexécution des donations postérieures à l'avancement d'hoirie, parce que les héritiers acceptants doivent avoir leur réserve intacte.

Et ce système, déjà singulier en admettant que les renonçants comptent pour le calcul de la réserve, le devient encore davantage dans l'opinion qui ne l'admet pas, car on supposerait la part de chacun d'eux dans une réserve qu'il n'a pas concouru à former (un quart de 266 666ᶠ 66ᶜ dans notre espèce) : on supposerait que quatre personnes viennent prendre part à une réserve calculée pour deux, et ce serait cette part, 66 666ᶠ 66ᶜ, que l'on donnerait à chacun ; mais comme les héritiers acceptants doivent avoir leur réserve complète, ils reprendraient cela sur la quotité disponible, et l'on arrive au même résultat par un mode de calcul, il faut l'avouer, passablement extraordinaire.

Cet inconvénient se présente aussi dans le système qui voit un échange fait entre la quotité disponible que reçoit le renonçant, et sa part dans la réserve qu'il abandonne. Il ne peut l'abandonner; car, puisque c'est une part de la réserve, le donateur ne peut nullement en disposer, elle doit toujours appartenir aux réservataires acceptants.

Du moment que ce système arrive au même résultat injuste que le premier, qui a pour lui l'avantage de la simplicité, et que l'on voit que, pour arriver là, on est obligé de torturer les textes de la loi, il faut en tirer la conséquence, que la vérité n'est ni dans l'un ni dans l'autre.

Il vaudrait mieux dire avec la cour de Grenoble (30 juin 1826) que la renonciation du donataire en avancement d'hoirie, quand il y a des donations par préciput ou faites à des étrangers, est sans aucun effet et n'empêche nullement l'obligation de rapporter. Il est parfaitement vrai que ce serait tromper l'intention du père qui, en faisant cet avantage à cause du mariage de son enfant, n'a pas eu l'intention que cette donation pût anéantir tous les autres avantages qu'il ferait par préciput à ceux qu'il en jugerait dignes; ce serait entraver ces sortes de libéralités, gêner souvent les mariages, pour que le père de famille se conservât la faculté de récompenser les services qui lui ont été rendus. Rien de plus vrai, de plus moral que ces considérations; mais il nous est impossible de ne pas donner au mot *renonciation,* dans l'art. 845, le sens qu'il a dans l'art. 785. La loi serait à faire, qu'elle devrait être telle; et même on pourrait convenir que si l'enfant renonçait à la succession, la libéralité qui lui est faite serait annulée pour le tout : une semblable stipulation, loin d'être contraire à l'ordre public et aux bonnes mœurs, serait conforme à la morale, puisqu'elle aurait pour but de prévenir les injustices que l'on reproche au premier système.

Mais, sans aller chercher pour l'enfant renonçant, une position intermédiaire entre celle d'héritier et celle d'étranger, ce qui mène nécessairement à lui permettre de cumuler, en renonçant, la quotité disponible et la réserve, nous pouvons trouver la solution de la question dans cette idée, que la volonté du donataire ne suffit pas pour enlever aux biens donnés le caractère d'avancement d'hoirie ; il devient bien étranger par sa renonciation ; mais le seul fait qu'il avait l'espérance d'être héritier quand la donation a été faite, suffit pour imprimer aux biens donnés ce caractère que lui seul ne peut pas changer. Cela est si vrai, que l'art. 919, § 2, ne reconnaît ce droit qu'au donateur qui ne peut changer un don en avancement d'hoirie en un don préciputaire que par un acte fait dans la forme des actes qui contiennent des libéralités, par donation entre-vifs ou par testament ; car c'est un nouvel avantage que fait le disposant. Sans doute, il faudra que le donataire accepte cet avantage ; il faudra le concours de deux volontés simultanées ou successives ; mais il faudra qu'il y ait eu pollicitation de la part du *de cujus* : ce serait violer toutes les règles du droit qu'attribuer un avantage à une personne par sa propre volonté. Puisque ces biens conservent leur caractère d'être une part de la succession, et qu'on ne peut avoir de droit à une succession que si l'on ne renonce pas, on devrait admettre, pour être logique, que l'héritier renonçant renonce par cela même à cette portion qui lui a été donnée par anticipation ; et c'est, en effet, la conséquence qu'admettaient dans notre ancien Droit les coutumes dites *d'égalité parfaite,* où la renonciation n'empêchait pas le rapport des dons faits en avancement d'hoirie. Touraine, 302, 304 ; Anjou, 337 ; Maine, 278, 349 ; Dunois, 65 ; Reims, 320 ; Bretagne, 599 ; Normandie, 434, *et ibi* BASNAGE.

L'art. 845 a abrogé ce système exclusif; mais il l'a abrogé en admettant que les biens donnés conservent leur caractère d'avancement d'hoirie, puisque l'héritier qui renonce *peut cependant* les retenir; mais à quelles conditions? On lui accorde une faveur bien grande, celle de retenir des biens de la succession, quoiqu'il ne soit pas héritier; mais comme il résulte de ces expressions que le défunt ne lui avait donné qu'à la condition sous-entendue qu'il ne renoncerait pas à la succession, il s'était réservé la faculté de faire des libéralités avec la quotité disponible: cet acte unilatéral de l'héritier ne pouvant rien changer à l'attribution des biens faits par le défunt, ne peut la détruire; et comme on ne peut d'aucune manière porter atteinte à la réserve des héritiers qui acceptent, s'il renonce, on lui accorde par une faveur spéciale de ne pas révoquer son don pour la totalité, mais on le révoque pour partie: par ce moyen, on exécute les libéralités que le défunt avait faites, et l'héritier n'a pas trop à se plaindre, car la loi aurait pu, sans injustice, le forcer au rapport, même en renonçant. MARCADÉ, *Sur l'art.* 919, nos III et IV.

Les avantages directs résultant d'actes non soumis à la forme des donations, tels qu'une remise de dette, seront en tout soumis aux mêmes règles que les donations proprement dites.

Les avantages indirects, c'est-à-dire résultant d'actes ayant pour but de produire un autre effet que cet avantage, seront imputables sur la portion disponible s'ils sont soumis au rapport. Mais quand la loi a imposé des conditions aux conventions qui peuvent les contenir, pour qu'elles ne causent pas un tort trop considérable aux réservataires, on devra exécuter l'acte d'où résultent ces avantages tel qu'il a été fait. Ainsi, quand une association aura été formée entre le père et le fils, et que les conditions en auront été réglées par un acte authentique, la convention produira entre eux le même effet qu'avec un étranger, et ne sera nullement présumée renfermer un avantage (854); dans le cas contraire, ce seront des avantages ordinaires, et soumis aux mêmes règles.

Quant aux conventions passées entre père et fils, s'il y a avantage indirect lors de la convention, il faudra rapporter, et, par conséquent, imputer suivant les règles que nous venons de voir, en distinguant entre le cas d'acceptation et celui de renonciation de l'héritier (853). Faites avec un étranger, il n'y aura pas lieu à les considérer comme donations, car il y a moins de présomption qu'on veuille les avantager; toutefois la preuve du contraire serait admissible.

Les avantages résultant des conventions matrimoniales ne sont soumis aux règles du rapport et de la réduction, que quand ils contiennent un préjudice aux enfants du premier lit : dans ce cas, quand la réduction est prononcée, les enfants du second lit en profitent; ils peuvent même exercer ce droit s'il y a fraude dans la renonciation à la succession des enfants du premier lit, ou si, acceptant, ils ne veulent pas exercer leurs droits: hors le cas de second mariage, les stipulations de communauté ne sont point réputées avantages sujets aux règles relatives aux donations, soit quant au fond, soit quant à la forme, mais de simples conventions entre associés. 1496, 1525, § 2, 1527. Zachariæ, § 684 *ter*, 2° et 3°, et notes 16 à 22.

§ IV.—*Contre qui, dans quel ordre, et comment s'opère la réduction.*

L'ordre dans lequel s'opère la réduction, et les personnes contre lesquelles on doit agir, sont indiqués dans les art. 923 et 925.

« Art. 923. Il n'y aura jamais lieu à réduire les donations
» entre vifs, qu'après avoir épuisé la valeur de tous les
» biens compris dans les dispositions testamentaires; et
» lorsqu'il y aura lieu à cette réduction, elle se fera en

» commençant par la dernière donation, et ainsi de suite
» en remontant des dernières aux plus anciennes. »

» Art. 925. Lorsque la valeur des donations entre-vifs
» excédera ou égalera la quotité disponible, toutes les dis-
» positions testamentaires seront caduques. »

La faculté de disposer qu'a le *de cujus* s'arrête quand
il dépasse les limites fixées. Tout ce qu'il a concédé en
dedans doit être maintenu; mais une fois qu'il a atteint
cette limite, les nouvelles libéralités qu'il pourrait faire
portent atteinte à la réserve: et si, par ses donations,
il n'y a pas porté atteinte, et qu'il fasse de nombreux
legs, ce sera l'excès de ses dispositions testamentaires qui
portera cette atteinte, car, sans cela, le reste de ses biens
aurait suffi pour s'acquitter envers les réservataires. Peu
importe que les legs aient une date antérieure ou postérieure à celles des donations: comme ils n'ont d'effet que
par la mort, c'est à ce moment seulement que l'on examinera l'effet qu'ils produisent sur la fortune du *de cujus;* et
comme les donations sont irrévocables, c'eût été porter atteinte à cette irrévocabilité que de permettre au donateur
de les conserver ou détruire à sa volonté.

Si, malgré la non-exécution des legs, on ne trouve pas
encore les réserves complètes, on passera aux donations en
commençant par les plus récentes, parce que ce sont elles
seules qui ont porté atteinte à la réserve, les premières ayant
été prises évidemment sur la quotité disponible, et parce
qu'il serait injuste de faire courir la même chance à ceux
qui, étant plus anciens en date, avaient plus de raisons de
croire qu'on ne les inquiéterait pas. On applique ici la
maxime hypothécaire: *Prior tempore, potior jure.*

Si l'on avait fait plusieurs donations par le même acte,
on ne pourrait faire dépendre leur réduction de la circonstance assez indifférente de l'ordre que l'on a suivi, et elles
seraient réduites au marc le franc, parce qu'elles n'ont
qu'une date qui est celle de l'acte. Mais si l'on avait fait

deux donations le même jour, et qu'en fait, il résultât des actes que l'une précède l'autre, la première devrait être maintenue. Il en serait de même dans le cas de plusieurs donations faites dans le même acte, si le donateur avait dit qu'en cas d'insuffisance de ses biens, l'une d'elles devrait être acquittée de préférence aux autres. *Arg.* 927.

Il ne faut pas prendre le mot *donation entre-vifs* dans son sens le plus strict; il faut, au contraire, l'entendre par opposition à *legs* de tout ce qui n'est pas disposition testamentaire. Ainsi, une institution contractuelle, bien que faite sous la condition de survie du donataire et de sa postérité, et leur imposant l'obligation de contribuer aux dettes, n'en est pas moins une donation irrévocable du titre d'héritier, dont les effets remontent au jour où elle a été faite. Les donations postérieures et les legs devront donc être réduits avant, ce qu'il faut entendre des biens non compris dans l'institution; car pour ceux qui y sont compris, on ne peut en disposer à titre gratuit que dans des limites fort étroites, 1082. Merlin, *Rép.*, v° *Réserv*, sect. III, § 1, n° 5.

On décidait dans l'ancien Droit que, quand on avait fait une donation de biens présents et à venir (*Ord. de* 1731, art. 17, C. 1084), le donataire universel devait, quand même la charge n'en eût pas été exprimée, être tenu seul de payer toutes les légitimes, de préférence aux donataires postérieurs; si la donation ne comprenait qu'une partie des biens, il était tenu d'une partie proportionnelle: dans tous les cas, il pouvait renoncer à toute la donation. S'il préférait s'en tenir aux biens qui appartenaient au donateur lors de la donation, les légitimes devaient se prendre d'abord sur les biens acquis postérieurement à la donation, et ensuite contre les donataires, en commençant par les derniers en date. *Ordon. de* 1731, art. 34, 36, 37. Pothier, *Des donations entre-vifs*, sect. III, art. V, § 5. *Introd. au tit. XV de la coutume d'Orléans*, n° 82.

Le Code civil, bien qu'ayant admis dans l'art. 1084 la

donation de l'art. 17 de l'ordonnance, n'a cependant répété aucune de ces distinctions: il a mis toutes les donations sur la même ligne, par conséquent les donations universelles seront réductibles à leur date aussi bien que les donations particulières.

Les donations entre époux faites pendant le mariage seront aussi soumises à la réduction à leur date, bien que révocables à la volonté du donateur: pour les faire réduire avant les donations, il faudrait les assimiler complétement aux legs, ce qui ne serait pas exact, car il y a là dépouillement actuel; le donataire est propriétaire saisi d'un droit présent, tandis que le legs ne transfère aucun droit, par cela seul qu'il est écrit dans un testament. LEVASSEUR, n° 115.

Il en serait ainsi, alors même que les donations postérieures auraient complétement absorbé la portion disponible, pourvu qu'elles ne fussent pas incompatibles avec la donation faite au conjoint, parce qu'il ne peut y avoir de révocation tacite que de cette manière, et qu'on ne peut l'induire de la circonstance que le disponible a été dépassé (1035). Il y a là, en outre, quelque chose d'arbitraire, parce que rien n'indique que le *de cujus* ait voulu que les autres donations fussent exécutées de préférence à celles-là, et qu'au contraire il est infiniment probable qu'il préfère son conjoint aux étrangers, et que, s'il avait pu faire en sa faveur une donation irrévocable, il l'aurait faite. Enfin, il y a quelque chose d'inexact dans l'opinion contraire, en ce que, s'il y a révocation, il ne peut pas être question de réduction, car la donation ne s'exécutera pas du tout; il ne peut être question de réduction que pour des donations qui peuvent être exécutées. ZACHARIÆ, § 685 *bis*, note 6. — *Contra:* DURANTON, VIII. 357.

Lorsque le dernier donataire auquel on a fait une donation excessive est insolvable, sur qui devra tomber cette insolvabilité? Nous avons vu que les biens qui lui ont été donnés n'en doivent pas moins compter pour le calcul de la quotité disponible ; une fois ce calcul fait, on agira dans l'ordre indiqué par l'art. 923 : le dernier donataire sera actionné, et, s'il ne peut tout payer, on agira contre les donataires précédents. On ne peut pas dire, en effet, que c'est la dernière donation qui a seule porté atteinte à la réserve, qu'elle seule doit subir le retranchement ; peu importe, du reste, le sort de l'action que l'on intentera. Cela n'est pas tout à fait vrai ; car, si l'on ne peut rien obtenir du dernier donataire, ce sont les donations précédentes qui ont porté cette atteinte, et si c'était le défunt qui avait dissipé cette somme, on aurait tout aussi bien pu agir : mais le donataire contre lequel on aura agi recourra contre le donataire insolvable, s'il revient à meilleure fortune, parce qu'il n'était tenu que subsidiairement pour le cas où les biens de l'autre n'auraient pas suffi à remplir la réserve. POTHIER, *des Donations entre-vifs*, sect. III, art. 5, § 5. MERLIN, *Rép.*, v° *Réserve*, sect. III, § 1, n° 16.

Les legs doivent être réduits avant les donations entre-vifs ; mais, entre eux, il n'y a plus aucune distinction à faire. On n'a jamais pensé à tenir compte de la date des testaments, parce que c'est une chose indifférente pour fixer le jour auquel le legs produit son effet.

Dans l'ancien Droit, on commençait par réduire les légataires universels, parce qu'ils n'étaient légataires que de ce qui restait, les legs particuliers acquittés, et l'on agissait ensuite contre les légataires particuliers, qui devaient contribuer au marc le franc. Le Code a adopté un autre système dans l'art. 926 : « Lorsque les dispositions testamentaires » excéderont, soit la quotité disponible, soit la portion de » cette quotité qui resterait après avoir déduit la valeur » des donations entre-vifs, la réduction sera faite au marc » le franc, sans aucune distinction entre les legs universels » et les legs particuliers. »

Le premier projet du Code, art. xxx, posait un autre

système : il admettait la quarte falcidie en faveur du légataire à titre universel, avec la faculté pour le testateur d'en prohiber la rétention ; on pensait, ce qui est au fond assez juste, que l'on ne devait pas commencer la réduction par celui que le testateur a voulu favoriser plus que les autres, en lui donnant tout ce dont la loi lui permet la disposition. Cependant cette idée ne triompha pas ; le paragraphe 2 de l'art. xxx, qui consacrait la falcidie, a disparu, et le paragraphe 1, devenu l'art. 926 (xxxvi du projet présenté au Tribunat), au lieu de commencer par les mots *dans le cas où les legs particuliers,* comme l'art. xxxi du premier projet, commençait de même que l'art. 926 actuel, et les derniers mots *sans aucune distinction* furent ajoutés sur la demande du Tribunat, *pour marquer l'intention de la section, qui paraissait être aussi celle du conseil d'État,* de rejeter toute espèce de distinction. L'article est positif, mais rien, dans les procès-verbaux, n'indique quels sont les motifs qui ont pu déterminer ce changement de système chez les rédacteurs du Code.

Il y a donc deux manières de voir différentes, quant aux legs, selon que le testateur laisse ou ne laisse pas d'héritiers à réserve. Quand il n'y a pas de réservataires, les legs particuliers peuvent tout absorber : le légataire universel, à moins que le défunt ne le dise expressément, ne pourra pas retenir la quarte falcidie, quand même les legs particuliers excéderaient de beaucoup la fortune du *de cujus ;* il ne sera pas obligé à les payer *ultra vires,* mais les légataires particuliers se partageront tout l'actif, d'après la règle de l'art. 1009 : ce sont eux qui sont préférés.

Au contraire, quand le défunt laisse un héritier à réserve, on a pensé que le *de cujus* ne pouvait pas avoir une semblable préférence, à moins qu'il ne s'expliquât formellement ; les dispositions excessives qu'il a pu faire étant suspectes d'être chez lui l'expression d'une volonté autre que la véritable, on frappe sur toutes, et on les réduit dans la même proportion.

Ainsi, dans une succession de 60000 fr., il y a un légataire universel, et 45000 fr. de legs particuliers, formant les trois quarts de la succession. S'il n'y a pas d'héritiers à réserve, le légataire universel gardera 15000 fr. : mais si le *de cujus* avait un ascendant, sa réserve est d'un quart de la succession ; cette réserve fera porter une diminution d'un quart sur tous les legs : le légataire universel n'aura plus que 11500 fr., et les légataires particuliers, 33500 fr. Si l'on avait suivi le système de l'ancien Droit, l'ascendant aurait pris son quart sur le légataire universel, qui dans l'espèce n'aurait rien eu, et les légataires particuliers se seraient partagé 45000 fr.

S'il y a un légataire à titre universel, il faut chercher l'émolument qu'il conserve, déduction faite des legs particuliers : ainsi, si la fortune est de 60000 fr., et qu'il existe un enfant, un légataire à titre universel de moitié, soit 30000 fr., et de plus, 10000 fr. de legs particuliers ; comme il y a 40000 fr. de legs, et que l'on ne peut disposer que de 30000 fr., chaque légataire aura les $\frac{30000}{40000}$ (¾) de ce qu'il aurait pu avoir, et subira par conséquent une réduction d'un quart.

Si cependant les legs particuliers absorbaient le legs universel, la réduction des premiers aurait lieu au profit seulement des réservataires, et le légataire universel n'aurait rien, parce qu'il n'aurait rien eu en l'absence des héritiers à réserve.

Une exception à la règle d'imputation proportionnelle est formulée dans l'art. 927 : « Néanmoins, dans tous les
» cas où le testateur aura expressément déclaré qu'il entend
» que tel legs soit acquitté de préférence aux autres, cette
» préférence aura lieu ; et le legs qui en sera l'objet ne sera
» réduit qu'autant que la valeur des autres ne remplirait
» pas la réserve légale. »

Ainsi, si le testateur veut que le légataire universel fasse subir une réduction aux légataires particuliers, il devra s'en expliquer formellement. L'art. 927 lui laisse d'ailleurs la plus grande latitude, et rien n'empêcherait de l'appliquer, par analogie, quand même il n'y aurait pas lieu à la réserve légale; le testateur ayant alors la liberté de disposition la plus complète, il peut lui-même y poser les limites qu'il juge convenable.

Dans le cas où il n'y aurait pas lieu à réduction, cette volonté n'aurait pas besoin d'être indiquée en termes exprès; elle pourrait résulter des circonstances : on a même décidé que, dans le cas de concours entre des libéralités de corps certains et de sommes d'argent, les premières devaient être acquittées de préférence aux autres. TOULLIER, V. 558. Toulouse, 14 juillet 1840; Nimes, 11 mai 1841.

Mais, quand il y a lieu à réduction, l'art. 927 veut une déclaration expresse; et, en effet, l'art. 926 ne faisant aucune espèce de distinction entre les legs, il eût été arbitraire de faire porter la réserve sur les uns plutôt que sur les autres.

La solution de l'art. 926 n'admet pas de distinction. On a cependant essayé d'en faire quelques-unes au moyen de l'art. 1009, qui dit : « Le légataire universel qui sera en » concours avec un héritier auquel la loi réserve une » quotité des biens, sera tenu des dettes et charges de la » succession du testateur, personnellement pour sa part et » portion, et hypothécairement pour le tout; et il sera » tenu d'acquitter tous les legs, sauf le cas de réduction, » ainsi qu'il est expliqué aux art. 926 et 927. » Mais, sans entrer dans le détail des opinions que l'on a émises à ce sujet, nous dirons que les mots *tous les legs* sont mis vers la fin, par opposition à *dettes et charges*; le légataire universel payera seul les legs, parce qu'ils ne peuvent pas empiéter sur la réserve, et il sera tenu, proportionnellement avec les héritiers, des dettes et charges. Quant aux derniers mots *sauf le cas de réduction...*, c'est encore par l'historique de l'article qu'il faut les expliquer. L'art. 1009 est tiré de l'art. cx du projet de l'an VIII (titre *des Donations*), ainsi conçu : « Lorsqu'il y aura un légataire universel de la » totalité de la portion disponible, c'est à lui seul à payer » tous les legs à titre particulier, jusqu'à concurrence » seulement des trois quarts de la valeur de cette portion, » et ce, de la manière et dans les cas réglés par l'art. XXVI. » Cet art. XXVI est devenu l'art. XXX du projet discuté, et les art. 926 et 927 du Code civil. Le renvoi de l'art. cx du projet s'expliquait parfaitement, puisque l'art. XXVI, du projet de l'an VIII, consacrait expressément la quarte falcidie. La rédaction de cet art. cx fut, dans le projet discuté, changée en celle qu'il a aujourd'hui, avec renvoi à l'art. XXX qui consacrait le droit de rétention de la quarte falcidie ; mais ce droit fut supprimé dans la rédaction définitive, et l'on ne songea pas à corriger l'art. cx. Quand on adopta une seule série de chiffres pour les articles du Code, on modifia le renvoi à l'art. XXX en celui aux art. 926 et 927, mais on ne fit pas attention que le renvoi portait sur une disposition qui n'était plus dans le Code.

La réduction a le même but que le rapport, quoique ces deux opérations soient entièrement opposées, l'une venant quand il n'y a pas lieu d'appliquer l'autre : leur but est de remettre dans la masse les biens qui en sont sortis ; et, de même que le rapport peut avoir lieu en nature ou en moins prenant, de même aussi la réduction peut se faire en nature ou en moins prenant.

Le principe général est que la réduction doit avoir lieu en nature ; car c'est comme héritier qu'on la réclame, et tout héritier peut demander sa part en nature dans les biens composant la succession (826). DOMAT, *Lois civiles,* part. II, liv. III, tit. III, sect. III, art. 1 et 2.

Le premier cas de réduction en moins prenant se trouve dans l'art. 924, qui suppose qu'on a donné un immeuble dont la valeur dépassait la quotité disponible, et qu'il se trouvait à côté, dans la succession, un autre immeuble, à peu près semblable, pour faire le lot des autres cohéritiers. Lorsque la donation excède la quotité disponible, si les autres héritiers viennent demander au donataire de remettre sa donation dans la succession, il les repoussera, parce qu'en se partageant les autres immeubles ils pourront avoir des lots à peu près semblables (859), et qu'il devient alors inutile d'inquiéter les tiers détenteurs. Il n'y a là dedans, ainsi que nous l'avons vu, rien qui autorise le donataire renonçant à cumuler la quotité disponible avec la réserve.

Et, quoi qu'il y ait moins de raisons d'appliquer cette règle aux legs qu'aux donations, par ce motif que le légataire n'a pas eu le temps de s'attacher à l'immeuble et n'a pu concéder de droits réels, cependant on pourrait, sans violer la loi, étendre à ce cas l'application de l'art. 924.

Le second cas se trouve expliqué dans l'art. 866 : « Lors- » que le don d'un immeuble fait à un successible avec » dispense du rapport excède la portion disponible, le » rapport de l'excédant se fait en nature, si le retranche- » ment de cet excédant peut s'opérer commodément.

» Dans le cas contraire, si l'excédant est de plus de » moitié de la valeur de l'immeuble, le donataire doit » rapporter l'immeuble en totalité, sauf à prélever sur la » masse la valeur de la portion disponible : si cette portion » excède la moitié de la valeur de l'immeuble, le donataire » peut retenir l'immeuble en totalité, sauf à moins prendre, » et à récompenser ses cohéritiers en argent ou autrement.»

Cet article se place dans l'hypothèse inverse de l'article 924; il s'agit du cas d'une donation faite par préciput, mais quand il n'y a pas dans la succession d'immeubles de même valeur et qualité pour faire les lots des autres copartageants : dans ce cas, si le retranchement de ce qui excède la portion disponible peut avoir lieu commodément, il faut l'opérer ; mais si cela ne peut se faire sans avoir de graves inconvénients pour la valeur de l'immeuble, il faut prendre un autre moyen.

Dans l'ancien Droit, on avait recours à la licitation, ce qui n'était pas juste quand l'excédant était peu considérable, et entraînait toujours de grands frais (POTHIER, *Introd. au tit.* XV *de la coutume d'Orléans*, nº 93). Le Code a adopté un autre système. Si la quotité disponible est moindre que la moitié de la valeur de l'immeuble, cet immeuble doit rentrer en entier dans la succession, et le donataire prendra son préciput, d'une manière quelconque, sur la masse partageable ; si elle est au contraire supérieure à la moitié de la valeur de l'immeuble, le donataire le retiendra, et indemnisera ses cohéritiers de ce qui excédera sa part héréditaire, soit en argent, soit autrement.

Si la quotité disponible était rigoureusement de la moitié de la valeur de l'immeuble, comme l'esprit de la loi est que la réduction ait plutôt lieu en nature, on devra faire rapporter tout l'immeuble.

Mais s'il y avait une partie de l'immeuble équivalente à la portion à retrancher, qui pût être séparée commodément, ce retranchement devrait se faire, l'art. 866 n'étant applicable qu'au cas d'une impossibilité réelle.

Du reste, l'art. 866 ne parlant que des successibles, on ne pourrait en étendre la disposition à un étranger, quand même cet étranger serait le donataire lui-même qui renonce, car les derniers mots de l'article veulent que, dans le cas où il retient l'immeuble, il récompense *ses cohéritiers;* or il ne peut avoir de cohéritiers que quand il accepte la succession. *Voir* CHABOT, *Sur cet article.* TOULLIER, V. 155, 156.

§ V. — *Sur la demande de qui, et au profit de qui sera prononcée la réduction.*

Après avoir vu quelles sont les personnes qui ont droit à une réserve, nous devons voir si ces personnes seules peuvent demander la réduction des libéralités, ou si d'autres peuvent la demander en invoquant leur présence ; question qui doit être examinée sous le double rapport des donations entre-vifs et des legs.

La réduction est une atteinte fort grave au droit de propriété du donataire ; elle est admise par la loi dans l'intérêt des héritiers à réserve : c'est dans ce seul intérêt qu'elle présume chez le défunt une volonté autre que celle qu'il a manifestée réellement. De là résultent les deux propositions, que les héritiers seuls peuvent la demander, qu'eux seuls peuvent en profiter.

Ils peuvent seuls la demander, seuls attaquer les donations pour les faire toutes réduire à la quotité dont le *de cujus* avait raisonnablement voulu disposer.

Ils peuvent seuls en profiter, et ils gardent ainsi ce qu'ils ont obtenu par suite de l'exercice de leur droit ; telle est la disposition de l'art. 921 : « La réduction des dispositions » entre-vifs ne pourra être demandée que par ceux au profit » desquels la loi fait la réserve, par leurs héritiers ou » ayants cause : les donataires, les légataires ni les créan- » ciers du défunt ne pourront demander cette réduction, » ni en profiter. »

Cependant le droit des réservataires n'est pas attaché à leur personne comme le droit de puissance paternelle : c'est un droit susceptible de transmission, et, dès qu'il est dans leurs mains, il peut appartenir à tous leurs ayants cause, héritiers, donataires, créanciers. Le Tribunat avait proposé de remplacer dans cet article le mot *ayants cause* par ceux d'*héritiers, cessionnaires et créanciers* : mais l'article présenté ne pouvait avoir un autre sens ; c'est pour cette raison qu'on a maintenu la première rédaction. Les créanciers de l'héritier réservataire, et même ses donataires, pourront donc exercer ce droit de son chef. De même, s'il renonce au droit de demander sa réserve, en renonçant à la succession, ses créanciers pourront attaquer sa renonciation comme frauduleuse, et faire revenir la réserve dans ses biens (788).

Mais les créanciers du défunt, quand même la succession se trouverait insuffisante pour payer les créances au jour du décès, ne peuvent rien demander en leur nom aux donataires qui ont trop reçu, pour grossir la succession : ils ne peuvent pas davantage se faire payer sur les biens rapportés entre héritiers par suite de la réduction. Mais cette partie de l'art. 921 ne peut se comprendre qu'en supposant qu'il n'y a pas eu confusion opérée entre le patrimoine du défunt et celui de l'héritier par suite d'une acceptation pure et simple, parce qu'alors les créanciers du défunt deviennent créanciers de l'héritier à réserve, et remontent ainsi de la seconde partie de l'art. 921 à la première.

La loi du 17 nivôse, art. 29, n'avait pas admis ce système, et décidait qu'en cas de renonciation, les créanciers de la succession pourraient demander la réduction de leur chef. L'art. xxv du premier projet, adopté dans la séance du 5 ventôse an xi, admettait que les créanciers ne pourraient demander la réduction, mais qu'ils pourraient exercer leurs droits sur les biens qui seraient ainsi rentrés dans les mains des héritiers. Le Tribunat proposa de retrancher cette dernière disposition, par le motif que la réserve est réclamée par l'enfant en qualité d'enfant, abstraction faite de celle d'héritier. Cette rédaction fut adoptée, mais pour de tout autres raisons, comme nous l'avons vu plus haut.

L'art. 921 ne sera donc applicable que quand il n'y aura pas eu confusion entre les patrimoines, ce qui peut résulter, ou de l'acceptation sous bénéfice d'inventaire, ou de la séparation des patrimoines.

(187)

L'héritier bénéficiaire, quand même il ferait l'abandon dont parle l'art. 802, 1°, ne ferait pas celui des biens ainsi recueillis, et pourrait repousser toute espèce de demande des créanciers ayant pour but de se faire payer sur ces biens.

Lorsque les créanciers de la succession, pour rester étrangers aux dettes personnelles de l'héritier pur et simple, réclament le bénéfice de la séparation des patrimoines, ils déclarent par là ne vouloir rien avoir de commun avec l'héritier ; mais ils ne feront pas rentrer dans la succession les biens qui en sont sortis définitivement. Or les biens donnés sont sortis sous une condition résolutoire dans l'intérêt des héritiers : du moment que *recesserunt ab hæredum persona*, ils ont déclaré renoncé à tout droit sur leurs biens ; ils ne peuvent pas plus en réclamer sur les biens qui rentrent par suite de la réduction que sur les autres : car, ou la créance est postérieure à la donation entre-vifs, et alors le créancier n'a pu raisonnablement compter sur des biens qui n'étaient plus dans le patrimoine de son débiteur, la réduction étant une condition résolutoire dont il est le plus souvent difficile de prévoir l'accomplissement ; ou elle est antérieure à la donation, et comme l'état de débiteur ne frappe nullement d'une incapacité de donner, les créanciers ont à s'imputer leur négligence de ne pas avoir demandé toutes les sûretés convenables, à moins que la donation n'ait été faite en fraude de leurs droits, lorsqu'elle rendait le débiteur insolvable ou qu'elle augmentait son insolvabilité, cas auquel ils pourront invoquer l'art. 1167 ; ou à moins qu'ils n'aient sur les immeubles une hypothèque antérieure à la donation.

Il ne faut pas confondre la réduction qui frappe les donations de corps certains avec celle qui frappe les donations de sommes non payées au moment de la mort du *de cujus :* le donataire, dans ce dernier cas, est un créancier qui vient au marc le franc avec les autres créanciers, et c'est sur la demande des uns et des autres que s'opérera cette réduction.

Au premier abord, il n'est pas facile de comprendre ce que la loi a pu avoir en vue dans la fin de l'art. 921, quand il parle des légataires du *de cujus*, parce que le légataire qui reçoit du *de cujus* une libéralité postérieure aux donations entre-vifs ne peut avoir le droit de les faire réduire, ni de profiter de leur réduction.

On ajoute encore *les donataires* : cela ne pouvait pas causer beaucoup plus de doutes ; à quel titre et comment pourraient-ils demander la réduction contre des donations antérieures?

Ces expressions ont été regardées comme à peu près inutiles : car, dans le premier cas, on ne peut supposer que quand le *de cujus*, après avoir fait des libéralités excessives, fait un legs, et que le réservataire ne demande pas la réduction, que le légataire, fût-il universel, puisse la demander au lieu et place des héritiers, et prendre ce que ceux-ci auraient fait rendre au donataire : dans le second cas, il n'est guère probable que, quand le donataire est lui-même créancier du réservataire, on veuille exclure l'application de l'art. 1166.

Il y a cependant un cas où la fin de l'art. 921 trouve son application ; c'est dans la combinaison du disponible ordinaire des art. 913 à 916, avec celui des art. 1094 et 1098.

Les deux disponibles, ainsi que nous l'avons vu, se combinent jusqu'à concurrence du plus considérable, et l'excédant du plus fort sur le plus faible ne peut être donné qu'à la classe de donataires en faveur de laquelle il a été introduit.

On a donné au donataire de la classe la moins favorisée une somme supérieure à la quotité disponible qui lui revenait, mais moindre que la quotité la plus considérable, et on a fait une donation postérieure à un donataire de la classe la plus favorisée : le donataire postérieur conserve la donation jusqu'à concurrence de l'excédant de la quotité la plus forte sur le montant du don fait au donataire antérieur, et il ne peut réclamer davantage. Par exemple, un homme a trois enfants : il ne peut donner à un étranger qu'un quart de la pleine propriété de ses biens; mais, à sa femme, il peut donner un quart en pleine propriété et un quart en usufruit. Il donne à un étranger un bien valant huit vingt-quatrièmes de sa fortune; il a donné trop, car il ne pouvait disposer que de six vingt-quatrièmes; ensuite il donne ou lègue à son conjoint *tout ce dont la loi lui permet de disposer*; ce qui comprend un quart en propriété et un quart en usufruit, soit neuf vingt-quatrièmes, en supposant exacte l'estimation de l'usufruit à la moitié de la pleine propriété. Il a donné deux vingt-quatrièmes de trop à l'étranger, qui se trouvera ainsi réduit à six vingt-quatrièmes; mais le conjoint n'aura pas les trois vingt-quatrièmes enlevés au donataire; l'art. 921 s'y oppose: il n'aura qu'un vingt-quatrième, lequel sera transformé en usufruit; et quant aux autres deux vingt-quatrièmes donnés en trop, ils rentreront dans la succession ab intestat, parce que l'on n'admet pas les légataires ni les donataires à demander la réduction, ni à en profiter.

De même, si, après avoir donné la moitié en usufruit à un étranger, une personne donne tous ses biens à son conjoint, celui-ci aura le quart en nue propriété, l'étranger sera réduit au quart en usufruit, et l'autre quart rentrera dans la masse, car le conjoint ne pourra pas en profiter, aux termes de l'art. 921.

Il en serait de même lorsque toutes les dispositions seraient faites par testament, parce que la réduction, opérant proportionnellement sur toutes, ce serait en faire profiter un légataire, même de la classe la plus favorisée, auquel on donnerait plus que l'excès de la disposition faite en sa faveur sur le legs même excessif fait à un autre.

Mais l'article ne serait pas applicable dans le cas où une personne, après avoir fait des dispositions excessives en usufruit au profit de son conjoint, ferait des dons ou legs de propriété à un étranger, car l'art. 1094 donne au *de cujus* le choix entre deux disponibles ; dans l'espèce, il a choisi au profit de son conjoint le disponible en usufruit ; il faudra donc réduire le don excessif en usufruit à l'usufruit de moitié. Mais il restait l'autre disponible, celui en nue propriété, dont il n'a rien été donné au conjoint : les donataires ou légataires subséquents pourront le recevoir ; ils ne profitent pas de la réduction, car celle qui a porté sur le don fait à l'époux n'a porté que sur le disponible en usufruit, et n'a en aucune manière porté atteinte au droit qu'avait le *de cujus* de se dépouiller de toute la portion disponible. DURANTON, VIII. 327.

L'art. 921 s'appliquera tout aussi bien aux legs qu'aux donations, encore qu'il n'en dise rien. Il y a cependant une différence qui fait qu'il ne parle pas des legs ; c'est qu'il ne faut pas oublier le principe qu'il n'y a de legs que dettes déduites : la loi ne veut pas que l'on satisfasse ses affections aux dépens de ses créanciers. Ceux-ci ont un autre droit, celui d'annulation, qui consiste à faire regarder les legs comme non avenus, tant que les dettes ne sont pas payées. Si l'art. 921 avait parlé des legs en même temps que des donations entre-vifs, on aurait pu élever des doutes sur l'opinion que les légataires ne doivent être payés qu'après que les créanciers ont été désintéressés ; la rédaction de l'article, telle qu'elle est, est encore plus puissante pour rendre sans intérêt pour eux la question de savoir s'ils peuvent invoquer contre les légataires la réduction qui aurait lieu au profit des héritiers à réserve.

Il faut du reste appliquer, quant à la réduction des legs, des idées semblables à celles que nous avons exposées sur la réduction des donations entre-vifs.

Il y a un cas où la réserve peut être invoquée par d'autres que par les réservataires, c'est celui de l'art. 1098, sur le compte duquel nous nous sommes expliqué, page 107.

§ VI. — *Des effets de la réduction.*

Les effets que produit l'action en réduction peuvent porter sur les fruits des choses données, ou sur ces choses elles-mêmes.

A l'égard des fruits, l'art. 928 dit : « Le donataire resti» tuera les fruits de ce qui excédera la portion disponible,
» à compter du jour du décès du donateur, si la demande
» en réduction a été faite dans l'année ; sinon, du jour de la
» demande. »

La jouissance des fruits, tant que vit le *de cujus*, constitue une libéralité qui n'est pas sujette à rapport ; parce que si les biens n'avaient pas été donnés, il est probable que les fruits en auraient été dépensés.

A partir de l'ouverture de la succession, il n'en est plus de même, parce que la condition résolutoire d'insuffisance des biens dans la succession se trouve accomplie ; et que l'héritier est propriétaire, dès ce jour, des biens que frappe la réduction (1183). Aussi l'ancien Droit décidait-il, sans distinction, que les fruits de la légitime étaient dus à partir du jour du décès, car l'enfant en était réputé saisi dès ce jour. POTHIER, *Introd. au tit.* XV *de la coutume d'Orléans,* n° 92. BOURJON, *Droit commun de la France,* 2ᵉ *partie des Successions,* ch. X , n° 41.

Le projet de Code civil avait admis cette solution (art. XXXII du premier projet). Dans la discussion, Cambacérès demanda que, dans tous les cas, les fruits ne fussent rendus que du jour de la demande, et Tronchet appuya son amendement, parce que la demande en réduction peut être intentée long-temps après le décès, et que la fortune du donataire pourrait se trouver compromise. La rédaction définitive a admis une distinction fondée sur ce que, tant que l'on est dans une époque voisine du décès du testateur, le donataire peut s'attendre à ce que l'on agira contre lui ; mais quand un temps un peu long s'est écoulé depuis cette époque, il a pu penser que les héritiers avaient fait exactement leurs calculs, et il ne doit pas souffrir de leurs erreurs ou de leur négligence.

L'action en réduction peut être intentée contre les tiers acquéreurs des biens donnés : de quel jour devront-ils les fruits? Quelques auteurs pensent que ce tiers acquéreur est un possesseur de bonne foi, aux termes des art. 549 et 550, et que dès lors il ne doit la restitution des fruits, dans tous les cas, que du jour de la demande (MERLIN, *Rép.*, v° *Réserve*, sect. III, § 1, n° 17. DURANTON, VIII. 376) : mais cette assimilation ne nous semble pas exacte ; on entend par possesseur de bonne foi, dans le sens de l'art. 550, toute personne ayant un titre tel, qu'il pourra le conduire à la prescription (2265, 2268), ce qui ne peut avoir lieu dans l'espèce : car, tant que la condition résolutoire n'est pas accomplie, le tiers détenteur, fût-il de la meilleure foi du monde, ne pourra jamais prescrire la propriété de la chose qu'il détient (2257). Le tiers détenteur est un propriétaire sous condition résolutoire dont le droit s'éteint par l'accomplissement de cette condition (1183, 1184). Il faudrait alors distinguer si, en fait, le tiers acquéreur a eu connaissance, ou non, de la possibilité de réduction, et nulle part on ne voit que cette distinction soit admise. Enfin l'art. 930, en disant que l'action en revendication s'exercera contre les tiers acquéreurs, *de la même manière que contre les donataires eux-mêmes,* a certainement voulu entendre par là lui donner les mêmes effets ; car on ne fait aucune distinction entre la demande des fruits et celle des biens donnés. ZACHARIÆ, § 685 *ter*, note 12.

« Art. 929. Les immeubles à recouvrer par l'effet de la » réduction, le seront sans charge de dettes ou hypothèques » créées par le donataire. » C'est, ainsi que dans l'art. 865, une application du principe, que l'événement de la condition résolutoire remet les choses dans le même état que si elles n'étaient jamais sorties de la main du propriétaire,

1183, 2125 ; la condition résolutoire est ici l'insuffisance du patrimoine du défunt pour remplir la réserve.

Il en serait ainsi, alors même que la donation aurait été déguisée sous la forme d'un contrat à titre onéreux, parce que peu importe la forme extérieure de l'acte ; dès qu'on a reconnu au fond qu'il y a une libéralité, il faut en appliquer toutes les conséquences. On a mis en avant l'intérêt des tiers pour soutenir que, dans ce cas, les charges imposées devaient être respectées (*Rejet,* 14 décembre 1826) ; sans doute l'intérêt des tiers est une chose fort respectable, mais celui des réservataires ne l'est pas moins : et d'ailleurs, lorsqu'un immeuble donné ostensiblement a passé entre sept ou huit mains différentes, qu'il est grevé de charges au profit de personnes qui n'ont peut-être jamais connu la première donation, quand la réduction aura lieu, tout sera anéanti. On ne voit pas pourquoi le donateur aurait plus de privilége pour entamer la réserve, quand il déguise ses actes, que dans l'autre cas, les tiers ayant toujours la même bonne foi : il en serait autrement si la succession avait été acceptée purement et simplement, parce qu'alors le donateur était responsable envers les tiers de tout le dommage que le déguisement de l'acte pouvait leur causer ; et les héritiers, en se soumettant au fardeau de toutes ses obligations par une acceptation pure et simple, ont pris cette responsabilité. On doit donc maintenir ce qui a été fait ; c'est la meilleure manière d'indemniser les tiers. Mais on ne doit pas faire peser cette responsabilité sur les héritiers lorsqu'ils entendent rester étrangers aux dettes de leur auteur. ZACHARIÆ, § 685 *ter*, note 2.

En matière de rapport, il en est de même quant aux charges ; mais, pour les aliénations de la pleine propriété, la loi pense que, du moment que l'intérêt de l'égalité entre cohéritiers peut être sauvegardé au moyen d'un rapport en moins prenant, on ne doit pas inquiéter les tiers acquéreurs (860). L'art. 930 donne une solution différente quand il s'agit de réduction : « L'action en réduction ou revendi-

» cation pourra être exercée par les héritiers contre les tiers
» détenteurs des immeubles faisant partie des donations et
» aliénés par les donataires, de la même manière et dans
» le même ordre que contre les donataires eux-mêmes, et
» discussion préalablement faite de leurs biens. Cette action
» devra être exercée suivant l'ordre des dates des aliéna-
» tions, en commençant par la plus récente. »

Le désir de sauvegarder la réserve a paru au législateur
assez grave pour que la condition résolutoire de réduction
frappât même les aliénations de propriété. Cependant,
comme la personne qui a le plus profité de la donation
excessive est le donataire lui-même, il est juste qu'on
s'adresse d'abord à lui pour qu'il indemnise les héritiers.
Aussi l'art. 930 leur impose-t-il l'obligation de discuter ses
biens, avant que d'agir contre les acquéreurs des biens
donnés : c'est ici l'intérêt des tiers qui prédomine; ils ne
pourront être poursuivis qu'autant que la réserve n'aura pas
été fournie d'une manière ou d'une autre.

Mais cette discussion n'est pas un simple bénéfice comme
en matière de cautionnement, que la caution peut invoquer
si elle le juge convenable, et auquel elle peut renoncer,
même d'avance (2021); c'est une obligation imposée par la
loi au réservataire, qui doit d'abord discuter le donataire
usque ad saccum et peram, dit Lebrun; sur tous les biens
mobiliers et immobiliers, situés dans le ressort ou hors du
ressort de la Cour royale du domicile du donataire, sur ceux
dont la discussion sera facile, comme sur ceux dont la discussion sera difficile: l'art. 930 ne fait, en effet, aucune distinction. La seule exception que l'on doive admettre ne sera
relative qu'aux biens litigieux, parce qu'il n'est pas sûr que
ces biens appartiennent au donataire; mais les réservataires
pourront intervenir dans la cause, et si la propriété des donataires est reconnue, ils agiront sur ces biens avant d'attaquer les tiers détenteurs.

Les acquéreurs des biens donnés ne seront pas forcés

d'opposer cette exception sur les premières poursuites : les réservataires ont dû se prémunir d'une preuve que leur action eût été vaine contre les donataires ; à défaut, les tiers pourront les faire déclarer non recevables jusqu'à ce que cette preuve, résultant de la discussion, leur ait été donnée : par conséquent, ils ne seront pas obligés d'en avancer les frais.

Lorsqu'il sera prouvé que la discussion des biens du donataire ne peut rien produire, on agira contre les tiers acquéreurs ; mais ceux-ci pourront toujours arrêter les effets de la demande en réduction, en offrant une somme d'argent égale à la valeur de ce qu'on leur réclamait, car ils succèdent aux droits de ceux qui leur ont transmis ces biens, et comme la demande en réduction en nature ne pouvait être admise contre les tiers qu'autant que la valeur des biens donnés n'eût pas été trouvée dans la fortune du donataire, peu importe en définitive qui fournira cette somme ; dès que les réservataires la trouvent, leur demande restera sans objet. DURANTON, VIII. 373, 374. TOULLIER, V. 152.

Lorsqu'il y aura lieu d'agir contre les tiers détenteurs, cette action devra être exercée suivant l'ordre des dates des aliénations, en commençant par les plus récentes (930). Le motif est le même que celui de l'art. 923 ; c'est qu'il faut que l'action porte sur ceux qui ont le plus contribué à diminuer la garantie offerte aux réservataires : si les donataires n'avaient pas tout aliéné, les biens qui leur seraient restés auraient été attaqués les premiers ; leurs acquéreurs en dernier lieu n'ont pu les avoir que sous la même condition.

Mais il est clair que cette disposition doit être combinée avec celle de l'art. 923, de sorte que les acquéreurs du second donataire seront attaqués de préférence à ceux du premier, quand même ils leur seraient de beaucoup antérieurs, parce qu'ils ont acquis d'une personne qui avait un droit plus fragile.

Il en serait de même si plusieurs donations avaient été

faites à la même personne. Comme l'art. 923 ne fait aucune distinction, il ne faut pas non plus en introduire dans l'art. 930, et les acquéreurs des biens compris dans la seconde donation devront être poursuivis les premiers.

Si le donataire n'avait pas aliéné les biens de la première donation, les tiers acquéreurs pourraient être poursuivis ; mais ils pourraient toujours renvoyer à se pourvoir sur les biens de la première, au moyen de l'exception de discussion.

Les biens donnés n'étant compris dans les calculs de la succession que suivant leur état au moment de la donation et leur valeur lors de l'ouverture, si l'immeuble a diminué de valeur par le fait du donataire ou des tiers acquéreurs, indemnité sera due aux réservataires ; et ceux-ci, pour cette indemnité, auront une action semblable à celle en réduction, qui atteindra d'abord les donataires eux-mêmes, puis leurs acquéreurs, et subsidiairement les donataires antérieurs, car la réserve doit se retrouver entière.

Réciproquement, on devra tenir compte au donataire ou à ses ayants cause des augmentations survenues dans la valeur de l'immeuble par suite des travaux qu'ils auraient exécutés ; mais ceux-ci pourraient retenir la possession des choses données jusqu'au remboursement de cette plus-value (861, 867). Les dépenses nécessaires faites pour la conservation de la chose devront être aussi remboursées, et le même droit de rétention pourra être exercé (862).

Lorsque la réduction aura lieu, soit contre le donataire, soit contre un tiers détenteur, mais pour partie seulement d'un immeuble donné, ce retranchement s'opérera par le moyen d'un partage, lequel donnera lieu, à son tour, à la garantie de l'art. 884. Ainsi, si le réservataire est évincé de quelques-unes des choses qu'il a obtenues par ce partage, sans que le donataire le soit de son côté, il pourra agir en garantie contre le donataire, qui lui remboursera, sur les biens donnés qui lui resteront entre les mains, la valeur dont il a été privé, mais sous la déduction d'une quotité égale à celle que représentent les biens dont il a été évincé dans la masse de la succession, parce que ces biens n'en faisaient pas partie, et qu'ainsi la réserve avait été calculée sur une masse trop forte.

Si l'éviction a eu lieu pour la totalité contre le donataire et le réservataire, celui-ci se pourvoira de même contre les donataires antérieurs; et, s'il n'y en a plus, la garantie sera due par les cohéritiers (884, 885).

Réciproquement, si le donataire était évincé de quelqu'une des choses comprises dans son lot, le réservataire lui devrait aussi la garantie, mais seulement pour une quotité semblable à celle que représentent, par rapport à la masse, les biens qui composent sa part dans la réserve, parce qu'alors la réserve a été calculée sur une masse de biens trop considérable. POTHIER, *des Donations entre-vifs*, sect. III, art. 5, § 6. *Introduction au tit.* XV *de la coutume d'Orléans,* nos 93, 94, 95.

Les tiers acquéreurs évincés auront aussi un recours en garantie contre les donataires, mais ce recours sera soumis aux règles ordinaires sur la garantie (1626 et suiv.).

Tout ce que nous venons de dire s'appliquera aux donations d'immeubles : quant à celles de meubles, l'art. 2279 met parfaitement à l'abri les tiers acquéreurs; l'affaire se débattra uniquement entre les donataires et les réservataires.

§ VII. — *Des fins de non-recevoir qui peuvent être opposées à la demande en réduction.*

La réserve étant, ainsi que nous l'avons vu, une portion de la succession ab intestat, les mêmes exceptions qui peuvent être opposées à la pétition d'hérédité pourront l'être à la demande en réduction. C'est ainsi que, si les héritiers renoncent à la succession, ils seront repoussés de la demande de la partie, comme ils l'auraient été de celle du tout. Ce cas sera régi par toutes les règles sur la renonciation aux successions.

Il en sera de même du cas où l'héritier aurait approuvé expressément la donation ou le testament d'où résulte l'action du donataire ou légataire, pourvu qu'il ait donné cette approbation sachant que le testament ou la donation portait atteinte à ses droits ; autrement, on pourrait considérer cette approbation comme relative seulement aux vices de forme. POTHIER, *des Donations entre-vifs*, sect. III, art. 5, § 7. TOULLIER, V. 162 et 163.

Cette approbation, au lieu d'être expresse, pourra n'être que tacite ; mais on ne pourrait la présumer de la demande que l'héritier ferait d'une donation par préciput dont il n'aurait pas été mis en possession du vivant de son auteur : il est bien évident que cela ne peut rien faire aux donataires antérieurs, et ne lui ôte pas le droit de demander sa réserve à ceux qui viennent après lui.

Si, au contraire, il s'agit d'un legs qui lui a été fait par préciput, il y a plus de difficulté, car il ne peut le réclamer sans considérer le testament comme valable ; et s'il le considère comme valable à son égard, il en sera de même à l'égard des autres légataires. Mais cela ne peut avoir d'effet que quant à la question de forme, parce que l'intention du défunt, en faisant ce legs, a été de gratifier son successible en outre de sa part dans la réserve, et ce serait aller contre cette intention que de considérer cette demande comme la ratification de toutes les dispositions qu'il aurait pu faire dans son testament.

S'il n'avait pas la saisine de la succession, par suite de la nomination d'un exécuteur testamentaire, cela ne changera rien à ses droits ; il demandera à celui-ci sa réserve, et le montant de son legs, sur lequel pèsera la réduction aussi bien que sur les autres, ainsi que dans le cas précédent.

D'après l'ordonnance de 1731, art. 36, lorsqu'il y avait un donataire universel de tous les biens présents et à venir, il avait la saisine et était tenu d'acquitter toutes les légitimes. Cette disposition n'a pas été reproduite dans le Code civil; l'héritier réservataire aura toujours la saisine (1004); et, comme elle est attachée à la qualité d'héritier, on ne voit pas qu'il puisse y renoncer autrement qu'en renonçant à la succession, de sorte que l'hypothèse de l'art. 36 ne peut plus se présenter, et que le réservataire, auquel on aurait fait un legs particulier même sans préciput, pourrait, après avoir obtenu ce legs, demander sa réserve au légataire universel que son auteur aurait institué; et celui-ci ne pourrait pas lui opposer l'art. 843, parce que cet article n'est fait que pour les héritiers, et n'a aucune application à l'égard des légataires universels (857).

Cette approbation tacite, de même que l'approbation expresse, ne sera aussi une cause de confirmation qu'autant que l'héritier saura que la disposition portait atteinte à son droit; il ne sera donc pas nécessaire qu'il accepte sous bénéfice d'inventaire; il ne le sera même pas qu'il en fasse un. On l'a cependant contesté, surtout dans l'ancien Droit, parce que l'enfant, en ne faisant pas inventaire, s'est mis, par son fait, dans l'impossibilité de prouver quel était le montant de la succession. Il doit indemniser les tiers du préjudice que ce défaut d'inventaire leur cause, et la meilleure indemnité qu'il puisse leur donner, c'est le maintien des donations qu'ils ont reçues; de plus, Justinien (Nov. I, cap. II, § 2) faisait déchoir du bénéfice de la Falcidie l'héritier qui ne faisait pas inventaire. Enfin, l'héritier qui accepte purement et simplement, se soumet à l'obligation de payer toutes les charges de la succession : il hérite par conséquent de l'obligation de son auteur de maintenir le donataire dans sa possession; et, quant aux legs, il se soumet à les payer *ultra vires*.

L'opinion contraire a toujours prévalu : car, s'il est vrai

de dire que l'on doive être héritier pour avoir droit à la réserve, on ne voit nulle part dans le Code que l'on doive être héritier sous bénéfice d'inventaire, et même les anciens auteurs disent que l'on doit être héritier, au moins bénéficiaire; il serait singulier de faire de cette concession une règle générale pour exclure de la réserve l'héritier qui veut être tout à fait héritier. De plus, le Code a admis le bénéfice d'inventaire pour permettre à l'héritier de n'être pas tenu des dettes sur ses propres biens, qu'il sépare ainsi de ceux du défunt; et l'on ne voit nulle part que l'on doive recourir à ce moyen pour ne pas être tenu des legs et des donations *ultra vires*. Les legs sont une libéralité que fait le *de cujus* sur ce qui restera de ses biens, dettes déduites; mais il n'a pu faire de libéralités que sur ce qui lui appartenait. Cela ne pourra rien faire à son héritier : et, quant aux donataires, une fois la donation exécutée, ils ne sont créanciers d'aucune espèce de garantie, sauf dans des cas exceptionnels, où le réservataire sera repoussé comme ayant hérité de l'obligation de son auteur; mais quand cet auteur n'est pas obligé, son héritier ne peut pas l'être plus que lui. Enfin, le donateur doit bien la garantie de son fait personnel, mais on ne peut tirer de cette obligation aucun argument, puisque le réservataire n'invoque pas le droit de son auteur, mais le sien propre.

Quant à la Novelle de Justinien, elle parlait de la Falcidie, mais nullement de la légitime : autrefois même, on reconnaissait que la privation de la légitime n'était prononcée par aucune loi; à plus forte raison devra-t-il en être de même aujourd'hui.

Enfin, il est bien vrai que l'héritier est en faute de ne pas avoir fait un inventaire; mais il en sera puni, tout d'abord, par l'obligation où il sera de prouver la consistance de la fortune de son auteur : cette preuve pourra être faite par tous les moyens possibles; mais aussi les donataires et légataires seront reçus à faire la preuve contraire : et, comme ils ont le droit de requérir l'apposition des scellés et la confection de l'inventaire (*Pr.* 909, 1°; 941), on pourra aussi leur reprocher de ne pas l'avoir fait, et de s'être exposé à ces contestations.

Du reste, comme aucun texte de loi n'enchaîne ici les juges, ils seront libres de déclarer, à raison des circonstances, les héritiers déchus du droit de faire la preuve, surtout s'ils leur paraissent être de mauvaise foi. POTHIER, *des Donations entre-vifs,* sect. III, art. 5, § 7. TOULLIER, V. 166.

Si un legs de somme d'argent avait été fait à l'un des réservataires pour lui tenir lieu de sa réserve, l'acceptation pure et simple qu'il en fera l'empêchera de demander davantage; mais il ne sera nullement lié par cela seul qu'un legs lui a été fait, et il pourra, en y renonçant, demander sa réserve en corps héréditaires. Une pareille condition ne pourrait être apposée à une donation entre-vifs; ce serait un pacte sur succession future.

Le droit de demander la réserve peut s'éteindre aussi par la prescription; il faut alors distinguer deux cas, celui où l'on agirait contre le donataire, et celui où l'on agirait contre les tiers détenteurs.

Dans le premier cas, il s'agit bien réellement d'une prescription libératoire, car le donataire est tenu personnellement de la réserve; seulement, quand il possède les biens donnés, on doit agir sur ces biens avant de passer au reste de sa fortune (930). Le donataire ne pourra donc prescrire contre cette action que par trente ans. Ce laps de temps ne commencera à courir que du jour du décès du donateur, parce que, jusque-là, les réservataires ne peuvent avoir aucune espèce de droit, et que l'on ne sait pas quelle sera la valeur de la partie que l'on devra retrancher (2257, 2262).

Lorsqu'au contraire on doit agir contre les tiers acquéreurs, ce sera une véritable action en revendication, dans laquelle ils seront considérés comme tout tiers détenteur, et pourront, s'ils ont juste titre et bonne foi, prescrire par dix ou vingt ans. On ne peut, en effet, les mettre dans une position plus défavorable que ceux qui auraient acquis d'une personne se disant mandataire du défunt, et qui prescriraient cependant par ce laps de temps à partir du jour de l'acquisition : ils sont dans une position plus défavorable, parce que le délai ne court que du jour où la succession s'est ouverte ; mais c'est que le droit contre lequel ils prescrivent est conditionnel. L'art. 930, du reste, n'a rien de contraire à cette décision, car il ne parle que des cas où l'action aura lieu, et nullement du délai de la prescription, qui se trouve ici soumis aux règles générales (2265). MERLIN, *Rép.*, v° *Réserve*, sect. III, § 4, n° 4. DURANTON, VIII. art. 378, 379. ZACHARIÆ, § 685 *quater*, 3°.

Dans tous les cas, cette prescription, une fois qu'elle a commencé à courir, sera soumise aux mêmes interruptions et suspensions que les autres.

Dans l'ancien Droit, lorsque les enfants vivant en commun étaient nourris sur les biens de l'hérédité, la prescription de leur droit ne commençait à courir contre eux que du jour où ils cessaient de l'être, parce que jusque-là ils étaient en possession de leur légitime en même temps que de l'hérédité. MERLIN, *Rép.*, v° *Légitime*, sect. V, § 6, art. 3, n° 5 ; v° *Réserve*, sect. IV, § 4, n° 6. Cette décision était donnée par les jurisconsultes du Midi, d'après lesquels la légitime était une créance, et la règle sur laquelle ils se fondaient, que la prescription ne court pas contre le créancier nanti de son gage, a été suivie dans l'art. 2258, § 1. Mais le Code ayant adopté l'idée opposée que le droit à la réserve est un droit de succession, et n'ayant nulle part admis expressément cette cause de suspension, on ne saurait la suppléer.

§ VIII. — *D'après quelle loi, celle du moment où la disposition a été faite, ou celle du décès du de cujus, faudra-t-il régler la portion disponible ?*

Il semble que l'art. 920 vienne trancher la difficulté dans le sens de la loi du décès du disposant, car, en ordonnant la réduction à la quotité disponible lors de l'ouverture de la succession, il paraît ordonner qu'elle se fera suivant la législation en vigueur à l'époque de cette ouverture.

Cette solution est sans difficulté, en ce qui concerne les libéralités par testament, parce que, comme elles n'ont d'existence que par le décès du testateur, c'est à ce moment seulement que tout est réglé à leur égard.

Mais de vives controverses se sont élevées en ce qui touche les donations entre-vifs et les institutions contractuelles. La plupart des auteurs et la jurisprudence décident que la quotité disponible doit être réglée d'après la législation existante lors de la donation ou de l'institution contractuelle, et non d'après celle du jour du décès.

Pour soutenir cette opinion, on dit que l'effet des donations entre-vifs étant irrévocable, ce serait faire produire un effet rétroactif à la loi qui les réduirait sur un autre pied que la loi en vigueur à l'époque de la donation ; que cette loi produirait un effet tout aussi rétroactif que celle qui annulerait une donation pour la totalité : l'art. 920 n'a rien de contraire à cette doctrine, car ce n'est jamais que lors de l'ouverture de la succession que la réduction devra s'opérer, s'il y a lieu. Ce serait mettre cet article en opposition avec l'art. 2 du Code, en lui faisant porter atteinte à des dispositions antérieures audit Code. De plus, les lois du 9 fructidor an III, 3 vendémiaire an IV, art. 9 et 12 ; 18 pluviôse an V, art. 1, en abolissant l'effet rétroactif des lois des 5 brumaire et 17 nivôse an II, décrétaient que les dispositions irrévocables faites avant leur promulgation auraient leur effet suivant la loi du moment où elles avaient été passées. Le Code civil a aboli ces lois : mais, tout en leur enlevant leur autorité législative, il ne leur a rien ôté de leur autorité comme raison écrite ; et l'on ne peut pas penser que les rédacteurs du Code, qui connaissaient l'interprétation officielle que l'on avait donnée aux nouvelles lois sur la quotité disponible, aient voulu adopter un système contraire, pour ainsi dire par prétérition. Enfin, cela mènerait à dire que, si la loi nouvelle voulait une égalité absolue, il n'y aurait pas rétroactivité dans la nullité qu'elle prononcerait des dispositions antérieures. MERLIN, *Rép.*, v° *Réserve,* sect. VI. DURANTON, VIII. 318. VAZEILLE, *Sur l'art.* 920, n° 2. DUVERGIER, *de l'effet rétroactif des Lois,* p. 62. Turin, 15 mars 1806 ; Bordeaux, 25 mai 1808 ; *Rejet,* 24 août 1825.

Quelques auteurs professent une opinion contraire. D'après eux, la réduction est établie en faveur de certains héritiers, par suite de la présomption que le défunt n'a pas eu une volonté parfaitement libre, et n'a pas accompli tous ses devoirs envers eux ; c'est seulement quand les héritiers existent, que l'on peut dire que le *de cujus* n'a pas accompli ses devoirs envers eux, et ils n'existent qu'au moment de la mort : ils n'ont eu jusque-là aucune espèce de droits ; n'ont été saisis de rien ; ils n'ont eu qu'une espérance : ce n'est donc pas parce que ceux-ci ont un droit, que l'on peut fixer la quotité disponible suivant la loi du jour de la disposition. Mais, dit-on, le donataire a un droit acquis que l'on ne peut changer sans rétroactivité. Sans doute, une loi qui rendrait nulles des donations antérieures à sa promulgation, ou qui, en créant de nouvelles incapacités de disposer à titre gratuit, annulerait les dispositions antérieures faites par des personnes se trouvant dans cette position, aurait un effet rétroactif. Ce n'est pas de cela qu'il est question ici : il s'agit de savoir si l'on peut appliquer la loi nouvelle, sur la portion disponible, à des dispositions anciennes, sans l'entacher de rétroactivité.

Or il n'y a nulle rétroactivité à le faire, car le donataire a toujours dû s'attendre à subir une réduction ; elle sera plus ou moins forte, parce que la masse sur laquelle on calculera la portion disponible sera composée d'après des règles qui pourront elles-mêmes varier, mais il y a loin de là à l'annulation complète des dispositions.

Si l'on veut absolument voir ici un effet rétroactif, il y en a bien un, celui admis par l'art. 1183 du Code civil. En effet, le droit du donataire n'existe que sous la condition suspensive qu'il n'y aura pas plus tard de droit acquis, par l'ouverture de la succession, en faveur d'autres personnes ; par conséquent, sous la condition résolutoire que ces droits seront acquis : du moment qu'ils le sont, la condition résolutoire est accomplie ; et, comme la portion disponible se calcule sur la masse des biens au jour de l'ouverture de la succession, c'est cette règle de calcul que l'on suivra pour partie, quant à la donation, par suite de l'effet rétroactif dont nous venons de parler. Puis, la valeur de la masse devant se calculer au moment du décès (922), il faudra prendre cette valeur pour réduire d'après une autre législation que celle de cette époque ; de sorte que, pour une personne morte depuis le Code civil, mais qui aurait fait des libéralités avant 1789, sous la loi du 17 nivôse an II, sous celle du 4 germinal an VIII, et sous le Code, on estimera les biens à un seul moment, pour régler sa succession par quatre législations différentes. Enfin, s'il est vrai que le donataire n'a pas dû s'attendre à ce qu'une loi nouvelle vînt le réduire plus que l'ancienne, il n'est pas moins vrai qu'il n'a pas dû s'attendre non plus à une réduction, si le donateur avait, à l'époque de la donation, une fortune considérable que des revers extraordinaires lui ont, par la suite, enlevée. TOULLIER, V. 119. LEVASSEUR, *Portion disponible,* 193.

Ces deux opinions sont l'une et l'autre trop absolues : car, s'il est vrai de dire que ce soit faire rétroagir la loi que régler le sort d'une donation par une condition résolutoire provenant d'une loi de beaucoup postérieure, cette rétroaction ne peut exister qu'autant qu'elle porterait atteinte à des espérances tellement légitimes, que le législateur lui-même devait les respecter ; d'un autre côté, comme le droit de l'héritier ne peut exister qu'au moment de la mort, que jusque-là il n'a eu que des espérances que souvent la volonté du défunt peut suffire pour lui enlever, on ne peut se fonder là-dessus pour lui attribuer, après réduction, des biens auxquels la loi qui règle sa succession, la seule qu'il connaisse, ne lui attribue aucun droit. Nous préférons donc l'avis de ceux qui distinguent entre le cas où la loi nouvelle restreint, et celui où, au contraire, elle étend la quotité disponible : car, dans le premier cas, on détruirait une attente très-forte, puisqu'elle ne dépendait nullement du caprice du donateur ; et, dans le second, outre qu'on respecterait un espoir de succession future, on irait probablement contre la volonté du défunt qui a voulu être le plus libéral possible envers ses donataires. PROUDHON, *Traité sur l'état des personnes*, édition annotée par M. VALETTE, t. I, p. 55 à 60.

Quelques arrêts paraissent avoir pensé qu'il s'agissait ici d'une question de capacité qu'on devait décider d'après la loi du temps de la donation : s'il en était ainsi, il faudrait en dire autant du testament, et la solution serait parfaitement exacte dans les deux cas. On devra appliquer encore aujourd'hui la loi de nivôse dans la disposition de l'art. 26, qui défendait les libéralités à un successible, et annuler celles qui auraient été faites jusqu'au 23 floréal an XI, jour de la promulgation du titre *des Donations :* mais il y a confusion à voir dans la disponibilité une question de capacité.

Quelques personnes font une distinction entre les donations entre époux pendant le mariage, et toutes autres donations. Les premières étant toujours révocables à la volonté du donateur, et n'ayant leur effet réglé que lorsqu'il est mort sans les avoir révoquées, on doit leur appliquer la loi du temps du décès ; pour les autres, celle du moment de la donation. Duranton, VIII. 317. Mais cette distinction n'est peut-être pas très-juste, car la donation entre époux est en quelque sorte conditionnelle, sous la condition qu'elle ne sera pas révoquée par le donateur avant sa mort ; la condition s'accomplissant aura un effet rétroactif, et cette donation se trouvera ainsi transformée en une donation entre-vifs ordinaire.

Quant aux institutions contractuelles, nous pensons qu'il faut distinguer entre le cas où la loi du temps défend de les faire, et celle où elle ne fait que régler la quotité dont on aura pu disposer.

La loi de nivôse (art. 1 et 2) défendait de faire des institutions contractuelles : il y avait là une incapacité ; par conséquent, toutes celles qui ont été faites sous l'empire de cette loi seront nulles sous le Code civil. Il en serait de même du cas où une loi antérieure aurait défendu les donations : ainsi, dans l'ancien Droit, les donations entre époux, pendant le mariage, étaient presque universellement prohibées ; le Code civil n'a pas pu valider celles de ces donations qui auraient été faites en contravention des anciennes lois, parce qu'à cette époque il n'y avait pas capacité, et que la capacité se règle suivant la loi en vigueur au moment où un acte est fait. Il en serait de même pour les coutumes qui défendaient le don testamentaire entre époux : le Code n'a pas pu valider les testaments faits par un époux en faveur de l'autre sous l'empire des coutumes qui les prohibaient, avant le 23 floréal an XI. De même, la promulgation de l'art. 226 du Code civil n'a pas pu valider les testaments faits par des femmes qui, d'après les coutumes qui les régissaient, avaient besoin de l'autorisation de leurs maris pour tester. Normandie, 417 ; Bourgogne, IV. 1.

Il est donc constant que, quand une loi défend une certaine manière de disposer, cette loi crée une incapacité, et que, comme il faut avoir la capacité de faire un acte au moment où on le fait, peu importe que cette capacité naisse plus tard, en vertu de la loi du temps où l'acte a été fait, ou en vertu d'une loi postérieure; en tout cas, l'acte ne sera pas validé rétroactivement.

Mais lorsque la loi ancienne permettait l'institution contractuelle, et que la loi nouvelle ne fait que fixer un taux différent pour les libéralités, comme, dans ce cas, l'instituant n'a disposé irrévocablement que du titre d'héritier, mais qu'il peut révoquer indirectement sa libéralité, ou par des aliénations entre-vifs dont il dissipera le prix, ou par des placements à fonds perdus, ou en grevant son patrimoine de charges excessives (1082, 1083), l'institué ne recueillera que ce qui se trouvera exister au moment de la mort; et, comme ce sont ces seuls objets qui constituent la libéralité, la réduction ne pourra porter que sur eux et seulement suivant la loi en vigueur à cette époque: on ne pourrait la faire porter sur le titre d'héritier, chose parfaitement vaine et sans nulle valeur vénale.

Enfin, si la loi nouvelle introduisait une nouvelle classe d'héritiers réservataires, comme alors l'action de ces héritiers, en vertu de la loi nouvelle, aurait au plus haut degré l'effet de détruire des attentes très-légitimement conçues, beaucoup plus encore que quand on ne fait qu'augmenter la réserve au profit d'héritiers déjà existants, leur accorder le droit de la demander sur des libéralités antérieures à la loi qui l'a établie, serait l'entacher de rétroactivité au plus haut degré. Il faudra donc, dans ce cas, persister à suivre la loi ancienne.

TABLE.

14.

(213)

IMPRIMERIE DE BACHELIER,

RUE DU JARDINET, Nº 12.